KB123146

레이첼 카슨

바다를 애타게 사랑한
여성 과학자의 양심,
침묵의 봄

여성 롤모델 시리즈

레이첼 카슨

글 · 윤해윤

나무처럼
Namubooks

야생 동물도 인간처럼 살 곳이 필요하다.

인간은 집과 공장을 짓고 도로를 건설하려고

숲과 늪을 없앤다.

터전이 사라진 그들은 살 곳을 찾아 인간 곁으로 온다.

이것은 자연의 조화를 깨는 행위로,

훗날 우리 후손에게 어떤 재앙이 닥칠지

아무도 알 수 없다.

———

레이첼 카슨

레이첼 카슨은 쑥스러움을 많이 타는 말수 적은 여성이다.

수줍어 사람들 앞에 잘 나서지도 않던 그녀가

살충제 위험 여부를 판단하는 청문회에서

DDT 살충제가 인간과 환경에 미치는 위험성을

40분에 걸쳐서 강력하게 발언하며 의원들을 노려보았다.

제1차 세계대전이 끝나고

해외에서 들어온 불개미, 말라리아 모기,

매미나방, 딱정벌레 등은 나라마다 골칫거리였다.

화학자인 뮐러가 만들어 낸 DDT는

지중해 지역에 널리 퍼진 말라리아 모기를 감소시켰고,

이 공을 인정받아 뮐러는 노벨 생리학·의학상을 받았다.

당시 이 살충제는 인간에게는 해가 없는 것으로 알려졌다.

이 신비로운 DDT는 해충을 없애 주어,

나무나 농작물이 말끔하게 자라게 해 주었다.

사람들은 DDT를 '신이 내린 선물'이라고 숭배했다.

그러나 그들은 이 신비한 마법의 하얀 가루가

어떤 재앙을 몰고 올지 알지 못했다.

대중은 과학 지식이 전혀 없었고,

지식인들은 정부와 기업과 결탁하여

그 위험성을 숨겼기 때문이다.

원래 레이첼 카슨은 바다와 관련한 것은

무엇이든 연구하고 또 연구하는

바다를 애타게 사랑하는 생물학자였다.

당시 사람들은 바다에 관해서 아는 지식이 별로 없었다.

그저 신비로운 존재로만 알 뿐이었고,

그나마 아는 것도 오류가 많았다.

그렇기에 레이첼 카슨은 자신의 글쓰기 실력을 발휘하여

바다를 주제로 한 책들을 출간했다.

『바닷바람을 맞으며』, 『우리를 둘러싼 바다』,
『바다의 가장자리』는 레이첼 카슨이 바다에 바치는
일종의 오마주였고,
글을 쓰고 탐방하는 내내 충만했다.

그러나 『침묵의 봄』은 달랐다.
살충제 DDT의 무분별한 살포로,
사람들이 질병에 걸리거나 목숨을 잃고
새들이 떼죽음을 당했다는 소식을 듣고,
DDT 살충제의 위험을 알리는 『침묵의 봄』을
4년간에 걸쳐 쓰면서 레이첼 카슨은 내내 고통스러웠다.

과학자의 눈으로 본 DDT는 살인 무기였다.
이 강력한 무기는 기형아를 만들었고,
죽음에 이르는 질병에 걸리게 해,
인간은 물론 지구의 모든 생명체를 위협했다.
레이첼 카슨은 이 모든 것을 외면하고 가만히 앉아서
무작정 바다만 동경하고 있을 수 없었다.

독성이 강한 살충제 DDT 대량 살포는

생태계 파괴를 의미했지만,

20세기 중반을 사는 사람들에게 자연보호 개념은 없었다.

DDT를 지속해서 살포한다면 사람들은 병들고,

급기야 새들이 없는 봄을 맞이할 거라는

레이첼 카슨의 증거는

새하얀 마법의 가루에 열광하는 대중에 찬물을 끼얹었다.

몸에 해가 없다고 믿었던 대중은 열광만큼 분노했다.

그러나 이미 생명을 잃었거나 병들었고,

뒤따라오는 자연재해는

오로지 개인이 감내해야 할 몫이었다.

이에 발등에 불이 떨어진 살충제 회사들은

레이첼 카슨을 '실력 없는 여성 과학자'니

'빨갱이'니 하며 레이첼 카슨을 적극적으로 몰아세웠다.

그러나 4년에 걸쳐서 『침묵의 봄』을 쓰면서

그 위험성을 되풀이해서 고증하고 감수했기에,

이런 레이첼 카슨이 내미는

DDT의 화학적·의학적 증거를

그들은 결국 인정할 수밖에 없었다.

이들과의 싸움은 힘들고 고통스러웠지만,
병든 몸으로 레이첼 카슨은
이 작업을 소명으로 삼았고,
결국 DDT는 세상에서 사라지고 말았다.

이 사건은 자연을 스스럼없이 훼손하던 시절,
환경 혁명의 시발점이었고,
자연보호 개념을 대중에 심어 주었다.
그리고 지금까지도 레이첼 카슨의 경고는 이어진다.

차례

시작하면서 ···7

1 _____ 마침내 바다를 보다 ···15

2 _____ 글을 쓰는 과학자 ···29

3 _____ 바다 이야기 ···41

4 _____ 어떤 재앙이 닥칠지 ···49

5 _____ 달콤하지도 로맨틱하지도 ···57

6 _____ 바람이 하늘에 쓴 글 ···71

7 _____ 마법의 하얀 가루 ···87

8 _____ 죽음의 비 ···95

9 _____ 그 많던 새는 다 어디로 ···115

10 _____ 영원히 바다에 잠들다 ···123

11 _____ 그 후로도 지금까지 ···133

연보 ···138

'이것은 무엇의 화석일까?'

어린 레이첼은 집 농장에서 친구들과 놀다가

심심치 않게 어패류 화석을 발견했다.

바다도 아닌 땅에서 이런 화석이 발견되다니!

어린 레이첼은 이것이 어찌나 궁금하던지,

한동안은 매일 바다 생각에만 빠져 있었다.

'그럼, 옛날엔 여기가 바다였을까?'

'어떻게 이곳이 육지가 되었을까?'

'언제 일어난 일일까? 진짜로 바다였을까?'

끝없는 호기심은 어린 레이첼을 상상의 세계로 이끌었다.

호기심 많은 레이첼 카슨은 1907년 5월 27일,
펜실베이니아의 앨러게니강과 습지의 혼을 품고 태어났다.
선한 눈을 지닌 귀엽고 포동포동한
아이의 공식 이름은 레이첼 루이스 카슨이다.

레이첼 카슨이 자란 스프링데일은
당시 산업이 번성해서 이민자들이 몰려들긴 했어도,
여전히 원시적인 자연의 형태를 유지하고 있었다.
그렇기에 자연이 낳은 아이, 레이첼은
드넓은 강을 바라보며 상상력을,
숲과 습지를 탐험하면서는 호기심을 키웠다.
훗날 레이첼 카슨이
세상에서 가장 자연을 사랑하는 과학자가 된 것은
순전히 어린 시절 덕분이다.

레이첼의 아버지 로버트 카슨은
조용하고 인정 많은 수줍음 타는 남자였다.
당시 산업이 한창 번성하는
펜실베이니아 스프링데일의 앨러게니강 주변으로
공장들이 우후죽순 들어섰는데,

로버트 카슨은 인생 한 방을 노리며

강어귀에 공장을 지을 거의 8만 평에 이르는 땅을 사들였다.

그런데 불행히도

대공황을 맞은 미국의 공장들은 줄지어 도산했고,

그의 원대한 꿈은 대공황의 경기 침체와 맞물려

물거품처럼 사라졌다.

이것을 계기로 로버트 카슨의 인생은

별 볼 일 없어졌다.

레이첼의 어머니 마리아 맥린은 목사의 딸로,

여자 신학교를 졸업했고 라틴어에 능숙했다.

마리아 맥린은 글을 잘 쓰는 교사였지만,

결혼한 여성은 직업을 가질 수 없는

당시 펜실베이니아 관습에 따라 아내와 어머니로 살았다.

자기주장이 강하고 독립적인 카슨 부인에게

이런 삶은 어떤 상실감을 주었다.

어린 레이첼은 아버지가 사들인 농장에서 살았는데,

거기엔 방이 4개 딸린 이층집과 헛간, 닭장, 창고가 있었고,

작은 숲과 과수원이 있었다.

마을 사람들은 이곳을 '카슨네 작은 농장'이라고 불렀다.
레이첼은 이 집에서 스물두 살까지 살았다.

태어나서 강물만 본 아이는
어패류 화석을 보면서
넓디넓은 바다를 동경하며 어린 시절을 보냈다.
바다와 관련한 책을 숱하게 읽으며
상상과 공상의 나래를 펼치던 어느 순간,
레이첼은 자신의 미래는 바다와 연관되어 있음을 직감했다.

레이첼은 늦둥이로 태어났고,
언니와 오빠가 있었다.
언니 마리안은 열 살이었고
오빠 로버트 주니어는 여덟 살이었다.
레이첼은 학교에 간 언니 오빠가 올 때만을 기다리며
혼자 노는 고독한 아이였다.
레이첼은 혼자서 그림을 그리고, 책을 읽고,
숲에 나가서 새들과 개구리, 개 등과 이야기하며 놀았다.
자연을 아끼고 사랑하는 카슨 부인 덕분에
레이첼은 자연 속에서 한껏 자라났다.

마리안 언니는 레이첼이 열 살에 결혼했고,

제1차 세계대전이 발발하자

로버트 오빠는 공군에 입대했다.

레이첼은 어려서부터 자기 의견이 확실했다.

유난히 책 읽기를 좋아한 레이첼은 작가가 되고 싶었다.

책 읽는 것도 글 쓰는 것도 몹시 신나고 즐거웠기 때문이다.

그렇기에 아이로는

믿기지 않을 정도의 엄청난 독서량을 소화했다.

당시 〈성 니콜라스〉라는 어린이 인기 잡지가 있었는데,

레이첼은 이 잡지를 처음부터 끝까지

한 글자도 빠트리지 않고 읽고 또 읽었다.

이 잡지에는 매달 어린이 독자의 글을 싣는 난이 있었다.

작가가 되고 싶었던 꼬마 레이첼은 이 코너에 응시했다.

평소 구름에 흥미가 많던 레이첼은

「구름 속의 전투」라는 제목으로 글을 써서 보냈다.

하늘에서 독일 비행기와의 전투를 그린 내용인데,

당시 레이첼은 전쟁에 영향을 받았다.

「구름 속의 전투」는 〈성 니콜라스〉에 실렸고,

이를 계기로 레이첼은 꾸준히 이 잡지에 글을 실었다.

원고료를 받은 에세이도 있었는데,

원고료는 3달러였다.

레이첼은 원고료 봉투에 '첫 수입'이라고 써 놓고,

평생을 간직하며 자신의 전업 작가 경력은

이때부터 시작되었다고 훗날 농담하며 웃었다.

레이첼은 초·중·고를 거쳐서

펜실베이니아 여자대학 영문학과에 입학했다.

지금의 채텀대학이다.

1920년대 초, 레이첼이 대학에 갈 수 있었던 것은

순전히 엄마인 카슨 부인 덕분이다.

당시 미국 사회는 모두 남성의 영역이었다.

여성은 주부를 빼고는 어느 영역도 감히 넘볼 수 없었다.

그런데도 카슨 부인은

레이첼이 평범한 여성의 삶을 사는 것을 원하지 않았다.

교사였던 부인은 자녀들의 공부를 일일이 다 봐주었다.

그리고 유난히 똑똑한 막내딸이 작가로 이름을 날리며

사회적으로 경제적으로

성공한 삶을 살기를 간절히 바랐다.

카슨 부인은 딸의 신세계인 대학 생활을 함께 공유했다.

부인은 주말이면

레이첼의 대학 도서관에서 책을 읽으며 시간을 보냈고,

가끔 레이첼의 과제물 타자도 도왔다.

이런 캠퍼스 생활은 부인 삶의 단비와도 같았다.

당시 카슨 부인은 정신이 뒤죽박죽이었다.

큰딸 마리안은 두 번 결혼했지만,

다 파경을 맞고 두 딸과 얹혀살았고,

아들 로버트 주니어도 파경을 맞아

아들을 함께 더부살이 중이었다.

심적으로 고단한 카슨 부인은 레이첼과

대학 캠퍼스 생활을 공유하는 것이 삶의 낙이었다.

카슨 부인은 도서관에서 책을 읽는 시간이 사뭇 좋았다.

그러나 카슨 부인이 옆에 붙어 있는 탓에

레이첼은 친구나 남자친구를 사귈 기회를 얻지 못했다.

둘은 소문난 단짝이었고,

카슨 부인을 못마땅해하는 학생이나 교수도 꽤 있어서

종종 뒷담화의 주인공이 되곤 했다.

레이첼의 실력은 작문 수업에서 단연 돋보였다.

학교 신문에 작품 몇 편을 발표하며

존재감을 과시한 레이첼에게 총장은 장학금을 주선하며

미래의 지성인에게 투자를 아끼지 않았다.

과학이 1학년 필수 과목인 것은 운명이었던 것 같다.

스킨커 교수의 생물학 강의는

레이첼의 인생을 송두리째 바꿔놓았다.

완전히 딴 세상에 매료된 레이첼은

급기야 전공을 과학으로 바꾸기에 이르렀다.

이제껏 레이첼은 작가가 되겠다는 것 외에

다른 생각은 한 번도 해 본 적이 없었다.

작가는 당시 여성의 직업으로는 더할 나위 없이 좋았으나,

1920년대에 여성 과학자는 거의 찾아볼 수 없었다.

그나마 존재하는 이들은 대부분 교수로 일했는데,

그것은 아주 운이 좋은 편이었다.

실력이 짱짱한 스킨커 교수조차도

여대에서나 교수 자리를 차지할 수 있을 뿐,

남녀공학에서는 어림도 없었다.

기업이나 정부 연구원은 감히 꿈도 못 꿀 일이었다.

그 누구도 여성 과학자를 후원하지는 않았기에,

여성 과학자가 설 자리는 없었다.

그런데도 레이첼은 결심을 굳히고

3학년에 전공을 생물학으로 바꾸었다.

마음이 바빠진 레이첼은 부랴부랴 화학과 발생학, 유전학,

동물학, 미생물학, 조직학 수업을 들어야 했고,

강의 시간 외에는 실험실에서 죽치고 살았다.

해양 생물학을 공부하면서 레이첼은

환상과 상상으로만 접한 바다에

점점 가까이 다가가고 있음을 느꼈다.

그렇게 늘 바다에 관한 책을 읽으며 바다를 꿈꾸었고,

그것이 어떤 느낌일지 상상하며 가슴 설렜다.

그러나 언제쯤 바다를 볼 수 있을지는 미지수였다.

레이첼이 영문학에서 생물학으로 전공을 바꾼 것은

대학 측에서는 달갑지 않은 일이었다.

총장은 실망을 감추지 못했다.

일찌감치 레이첼의 싹을 본 총장은

레이첼이 작가로 대성해서 학교의 명성을,

혹은 자신의 명성을 드높여 줄 거로 생각하며

1, 2학년 학비를 지원했다.

실망한 총장은 학비 지원을 끊었고,

레이첼이 전공을 바꾸도록 부추긴 스킨커는 해직되었다.

석사 학위 소지자인 스킨커 교수에게

박사 학위가 없다는 이유로 해직을 통보한 것이다.

억울한 일이지만 어쩔 수 없이

스킨커 교수는 존스홉킨스대학 박사 과정에 등록했다.

그러나 건강이 좋지 않고 마흔에 가까운 스킨커 교수가

박사 학위를 딴다 해도 앞날은 여전히 불투명했다.

유감스럽게도 스킨커 교수 후임인 화이팅 교수는

실력 면에서 스킨커 교수 발치에도 따라오지 못했다.

레이첼은 끊임없이 화이팅 교수의 강의 내용에

고개를 갸웃했고,

그 의구심을 스킨커 교수와 편지로 해결했다.

1929년 6월, 레이첼은
펜실베이니아 여대를 수석으로 졸업했는데,
졸업과 동시에 학비 1,600달러를 빚졌다.
땅은 많았지만 현금이 부족한 레이첼의 아버지는
'카슨네 작은 농장' 일부 구획을 딸에게 주었다.
레이첼은 이 땅을 담보로 잡히고 당분간 빚을 유예했다.

그해 9월, 레이첼은 존스홉킨스 대학원에 입학했다.
스킨커 교수의 도움으로 1년간 전액 장학금을 받았다.
이 영예로운 장학금은 여학생에게는
좀처럼 기회가 닿지 않는 것이었다.

그리고 드디어 바다를 볼 기회가 왔다.
대학원에 입학하기 전에 레이첼은 스킨커 교수의 추천으로
여름에 매사추세츠의 우즈 홀 해양생물연구소에서
보조 연구원으로 6주간 일하기로 했다.

"설렘을 가득 앉고 새벽에 배를 타고
우즈 홀로 향하는 여정은 참으로 찬란했어요."

배의 난간에 선 레이첼은 흥분되어 현기증이 일었다.

마침내 '바다'에 서게 되었다.

전공이 생물학인데도,

이제껏 바다를 보지 못한 레이첼은

무수한 답답함 앞에 무기력하게 서 있어야 할 때가 잦았다.

그런데 기회가 왔다.

그리고 수준 높은 과학자들과 일할 기회도 얻었다.

우즈 홀 해양연구소는 황홀하다고밖에

달리 표현할 방법이 없었다.

실험실마다 기다랗고 널찍한 창문이 있어서

바다가 한눈에 들어왔고,

하루 중 어느 때라도

바다 생물과 서식지를 탐험할 수 있었다.

다양한 과학 서적들로 가득한

우주 홀 도서관을 본 레이첼은 눈이 휘둥그레졌다.

이제껏 그리고 훗날에도 이런 강렬한 경험은 없었다.

흥분되고 설레어서 며칠간 잠 못 이루었다.

우즈 홀 해양연구소는 생물학자들에겐 그야말로 낙원이었다.

레이첼과 같은 보조 연구원들도

정식 연구원들과 같은 실험실에서 일했다.

식사는 집에서 먹는 것과 비슷했고,

대화는 늘 활력과 열정이 넘쳐났다.

이곳 여성 연구원들은 대놓고 차별받지 않았다.

여성들만의 실험실이나 별도 테이블 따위는 없었다.

존스홉킨스대학의 해양 생물학자 커울스 교수도

그해 여름을 우즈 홀에서 보냈다.

그는 앞으로 레이첼의 지도 교수였기에,

레이첼의 연구에 적잖은 도움을 주었다.

우주 홀에서 레이첼은 거북이의 말초 신경을 연구했고,

이것은 석사 학위를 따는 데 큰 도움이 되었다.

레이첼이 대학을 졸업한 1929년,

미국은 대공황의 소용돌이 속으로 빨려 들어갔다.

증권 시장이 붕괴했고, 소비가 줄었고, 기업이 줄줄이 도산해

1,600만 명의 노동자가 직업을 잃었다.

대공황의 스트레스를 이기지 못한

레이첼의 아버지는 건강이 나빠졌고,

카슨네 가세도 급격히 기울기 시작했다.

독립해서 존스홉킨스 대학원에 다니던 레이첼은

한 학기 만에 혼자 살기를 청산하고,

볼티모어 외곽에 집을 임대해 가족과 살기로 했다.

레이첼은 뒷문으로 나가면
바로 사랑스러운 숲과 연결되는 이 집이 마음에 들었다.
게다가 큼지막한 벽난로도 있어서
겨울을 따뜻하게 보낼 수 있는 점도 좋았다.

1932년 6월 14일, 스물다섯 살의 레이첼은
'베아기와 치어기의 메기 콩팥 발달 연구'로
석사 학위를 받았다.
연이어 박사 학위를 따고 싶은 마음에
'생물학 연구' 강좌에 등록했고,
메릴랜드 치의학·약학 연구소에서 조교로 일하며
생활비와 학비를 벌었다.

대공황의 위기는 점점 짙어졌고,
카슨 가족의 경제도 나락이었다.
언니와 오빠의 수입은 들쭉날쭉한 데다
마리안 언니는 자주 아팠고
로버트 오빠는 백수일 때가 잦았다.
삶이 팍팍한 오빠는 거칠고 사고뭉치였다.
그런데도 카슨 부인은 아들을 싸고돌았다.

게다가 아버지의 느닷없는 죽음이 찾아왔다.

레이첼의 아버지는 갑자기 부엌에서 쓰러졌고,

곧이어 세상을 떠났다.

71세였다.

고향인 펜실베이니아에서 장례식을 치렀으나,

여비를 마련하지 못한 레이첼은

아버지의 마지막을 함께하지 못했다.

갑작스러운 아버지의 죽음으로

레이첼은 더 냉혹한 현실에 직면해야 했고,

어쩔 수 없이 박사 과정을 포기해야 했다.

금전적인 문제는 끊임없는 고통의 연속이었다.

대학 학자금 대출은 갚을 엄두도 못 냈다.

대출을 갚으라는 대학 측의 압박을

견디지 못한 레이첼은

끝내 담보로 잡힌 스프링데일의 땅을

대학에 넘기고 채무 관계를 끝냈다.

당장 생계를 유지할 일자리가 필요한 레이첼은

스킨커 교수의 소개로 어업국 국장 하긴스를 찾아갔다.
마침 어업국에서는 '해양 생물 엿보기' 52부작
라디오 시리즈 「바닷속 로맨스」를 기획 중이었는데,
대본 쓰는 것에 난항을 겪고 있었다.
과학자들이 쓴 글은 어렵고 딱딱하고 재미가 없어서
도저히 방송용으로 적합하지 않았다.

레이첼은 대학 2학년까지 영문학을 전공했고
대학 출판물에 기사나 단편을 실은 경험을 언급하며
그 일을 맡고 싶다는 열정을 내비쳤다.
하긴스 국장은 샘플 원고 몇 장을 써 달라고 제안했다.
당연히 레이첼의 원고는 기가 막혔다.
글을 쓸 수 있는 생물학자를 찾은 것이 기쁜 하긴스는
일당 6달러 50센트를 주고 레이첼을 고용했다.
이것은 레이첼 인생의 터닝포인트였다.

레이첼의 원고는 일주일에 한 번씩
1년에 걸쳐 방영되었고,
대중은 해양 생물에 관심을 보였다.
하긴스는 크게 만족했다.

이 일은 레이첼에게도 감회가 새로웠다.

"글쓰기를 완전히 잊은 줄로만 알았어요.

글을 쓰는 행복을 새삼 느꼈고

온몸이 전율로 짜릿했어요."

이 계기로 레이첼은 과학 글쓰기를 확장해 볼 작정이었다.

라디오 대본을 쓰면서 조사한 자료를 활용하여

지역 신문인 〈볼티모어 선〉에 글을 실었다.

〈볼티모어 선〉에 실린 첫 작품은

청어 서식지 환경을 다룬 글로,

청어 개체 수가 감소하는 이유는

고기잡이 방식과 산업·생활 폐기물이

바다를 더럽힌다고 꼬집었다.

레이첼은 기사 한 편당 15달러 안팎의 원고료를 받았다.

라디오 방송이 끝나고 하긴스 국장은 레이첼에게

바다를 소개하는 개론을 써 달라는 일거리를 주었다.

글의 제목을 '바다의 세계'로 정하고 글을 썼는데,

쓰다 보니 개론이라기보다는 오히려 에세이에 가까웠다.

좀 감상적인 글이라는 생각이 들었다.

완성한 글을 본 하긴스는 다시 써야 할 것 같다며
이 글은 〈애틀랜틱 먼슬리〉로 보내는 게 좋겠다고 했다.
당시 〈애틀랜틱 먼슬리〉는 영향력 있는 문학잡지였다.
일단 레이첼은 문학용 '바다의 세계'는 서랍에 넣어 두고,
다시 썼다.
하긴스 국장은 이번에는 만족했다.

1936년 7월,
어업국에서 생물학자를 뽑는다는 공고가 났고,
레이첼은 이에 응시해 합격했다.
한 달 뒤 스물아홉 살의 레이첼은 연봉 2,000달러에
어업국 공식 공무원으로 발령받았다.
2,000달러는 대가족을 부양하기에는 충분하지 않았지만,
당시 급료치고는 꽤 괜찮은 편이었다.

어업국에서 일하는 여성 과학자는
레이첼을 포함해 겨우 두 명뿐이었다.
레이첼은 홍보실 편집부로 발령받았고,

맡은 업무는 체서피크만에 사는 해양 생물을 탐험하고
그 자료를 분석하고 편집해서 홍보 책자를 만드는 일이었다.

레이첼에게 어업국 일은 적성에 잘 맞았다.
일을 진행하면서 어류 생물학 분야의 전문가들을 만나니
견해도 넓어지고,
실험실과 현장 사무소도 시도 때도 없이 들락거리면서
다양한 현장 경험을 쌓았다.

해양 생물 홍보 책자를 만들면서 레이첼은
해양 생물의 생태적 다양성을 폭넓게 이해할 수 있었다.
동료들은 과학적으로 정확하면서도 흥미진진하게
글을 써내는 레이첼의 솜씨를 보고 입을 떡 벌렸다.

레이첼은 현장 노트를 늘 가지고 다녔는데,
온갖 것을 낱낱이 기록해 놓았다.
조수가 빠져나갈 때
은신처를 찾아 헤매는 생물들은 어떤 종류가 있는지,
새들의 노래는 시간별로 어떻게 변하는지,
꽃잎을 갉아 먹는 것은 무엇 무엇이 있는지,

해변이나 숲에서 나는 빗소리는 무엇이 다른지 등등.

현장에서 보고 듣고 냄새 맡고 느끼면서

레이첼은 자연의 감각을 익혀나갔다.

책을 내고 해양 생물을 관찰하는 업무는

레이첼에게 어느 정도 만족감을 주었다.

레이첼은 결혼할 나이가 지났지만 결혼 생각은 없었다.

가까이서 언니와 오빠의 파경을 보았고

그들의 불행을 옆에서 지켜본 레이첼은

결혼에 부정적이었기에,

다가오는 남성들에게도 다가가지 않았다.

로버트 오빠는 가족 경제에 전혀 도움을 주지 못할뿐더러

스스로도 일어서지 못했다.

툭하면 누나인 마리안과 조카들의 삶을 헐뜯었다.

한때 아름답고 생기 넘쳤던 매력적인 마리안은

스스로 돈벌이를 할 수 없었고,

갑갑한 인생에서 속수무책 무너져 내렸다.

결국 싱글맘 마리안은 마흔에 폐렴으로 세상을 떠났다.

딸 둘을 남겼는데,

버지니아는 열두 살, 마조리는 열한 살이었다.

이들은 카슨 부인과 레이첼의 차지일 수밖에 없었다.

이제 서른인 레이첼에겐 육체적·정신적으로

피로하고 고단한 삶이었다.

추가 수입이 절실했다.

고심 끝에 1년간 서랍에 고이 모셔둔

문학용 '바다의 세계'를 꺼내어 손을 보고는

〈애틀랜틱 먼슬리〉로 보냈다.

응답은 아주 신속히 왔다.

윅스 편집자는 원고에 감동했다며

제목을 '해저'로 바꾸자는 제안을 해 왔다.

레이첼은 동의했다.

그러나 일이 진행되면서

생각보다 훨씬 더 많은 원고 수정 요청을 받았다.

수정 작업은 그 끝이 보이지 않을 것처럼 진행되었다.

마침내 1937년 〈애틀랜틱 먼슬리〉 9월호에

「해저」가 실렸다.
서정적이고 호소력이 짙은 레이첼의 에세이는
독자의 마음을 사로잡았다.

'동식물과 마찬가지로 바다에 사는 생명은 모두
수명이 끝날 즈음 이제껏 자기 몸을 구성하던 것을
다시 물속으로 보낸다.
한때 햇살 가득한 해수면에 살던 생명체의 분해된 입자는
빗물이 되어 부드럽게 깊은 바다로 흘러든다.'

이 작품은 'R. L 카슨'이라는 이니셜로 나갔다.
이것은 레이첼이 여성임을 숨기려는 의도가 있었다.
남자 과학자의 글이라고 여겨야
더 신뢰감을 줄 수 있다는 잡지사의 선택이었다.

레이첼은 부당하다고 생각했지만,
경제적으로 궁핍한 레이첼로서는
굳이 따져서 일을 그르치고 싶지 않았기에,
입을 닫았다.
〈애틀랜틱 먼슬리〉에 실린 「해저」를 시작으로

다른 삶이 뒤따라왔다.

사이먼 앤 슈스터 출판사의 퀸시 하우 편집장은

레이첼에게 같은 주제로 책을 내자고 제안했다.

이것은 상당히 흥미로운 제안이고

레이첼은 갑자기 책을 내고 싶은 열망이 솟구쳤다.

레이첼은 「해저」를 책 분량으로 다시 기획했고

1940년 이른 봄,

하우 편집장에게 책 개요와 원고 일부를 보냈다.

이런 장편 도전은 처음이라

레이첼은 계약이 성사될 수 있을지 마음이 졸였다.

하우 편집장은 원고가 멋지니,

계약하자고 했고,

레이첼은 조금은 불만족스러운 250달러 선인세에 합의했다.

이제 레이첼은 '눈부신 미래'를 향해 달려가고 있었다.

책을 쓰려면 조용한 공간이 필요했다.

레이첼은 정원이 딸린 조용한 이층집으로 옮겼는데,

이 집이 마음에 쏙 들었다.

무엇보다 이 집은 혼자 이층을 통째로 쓸 수 있어서

누구한테도 방해받지 않고 글쓰기에 몰두할 수 있었다.

레이첼은 느릿느릿 꼼꼼히 글을 써 내려갔다.

한 문단을 쓰고 수정하기를 몇 차례 하고서야

다음 문단으로 넘어갔다.

한 장을 완성하면 카슨 부인에게 읽어 달라고 하고는

리듬과 단어를 고치고 또 고쳤다.

그렇게 완성한 장은 마지막에 카슨 부인이 타자했다.

책 제목은 『바닷바람을 맞으며Under the Sea-Wind』로 정했다.
바다 생물을 3부에 걸쳐서 친근하게 묘사했는데,
1부는 바닷새, 2부는 고등어, 3부는 뱀장어가 주인공이다.
레이첼은 바닷새와 고등어, 뱀장어가 각자의 방식으로
생존하고 번식하려고 벌이는 투쟁을
흥미롭게 묘사하며,
우리가 사는 지구는 인간은 물론이고
소중한 다른 생명체들도 함께 쓰는 공간임을 강조했다.

레이첼은 『바닷바람을 맞으며』를 쓰면서
주인공인 바닷새와 고등어, 뱀장어에 푹 파묻혀 살았다.
이들과 함께 먹이를 찾아 나섰고,
이들과 함께 거센 날씨와 맞닥뜨렸다.
한 치의 과학적 오류가 없는 내용과 더불어
화려한 문학적 재능을 과시해야 했다.
레이첼의 바람은 이 책이 잘 팔려서 인세를 받아
생활고에서 얼른 벗어나고 싶었다.

『바닷바람을 맞으며』는 1941년 11월 1일에 출간되었다.
책이 나오자
제일 먼저 어머니 카슨 여사에게 한 권을 드렸다.
카슨 여사는 '내 어머니께 바칩니다'라는 헌사를 읽고
눈시울을 적셨다.

책이 출간되자,
〈뉴요커〉, 〈뉴욕 헤럴드 트리뷴〉, 〈뉴욕타임스〉 등은
새로 등단한 작가를 소개하는데 열을 올렸다.
또 과학출판협회는 글이 딱딱하지 않고 시적이며
자연이 아름답고 경이롭지만
상황에 따라서 잔혹하다는 것을 잘 전달했다고 평했다.

레이첼에게는 무엇보다도
과학자들의 의견이 가장 신경 쓰였다.
뉴욕 동물학회의 해양학자로 이름난 윌리엄 비비는
〈새터데이 리뷰〉에 이 책이 바다 생물에 대해서
아주 잘 설명되어 있다며
두 장을 뽑아 몇 년 뒤 출판한 자연사 선집에 실었다.

그런데 축제 기간은 몹시 짧았다.

책이 나온 지 한 달 뒤 일본이 진주만을 공격했고,

1941년 12월 8일,

미국은 제2차 세계대전 속으로 몸을 던졌다.

전쟁의 여파가 하도 거세어 사람들은

바닷새와 고등어, 뱀장어가

아무리 아름다운 자태로 유혹해도 눈길도 주지 않았다.

전쟁 중에 새 정부 기관이 생겨났다.

직접적으로 전쟁과 관련 없는 기관들은

워싱턴 밖으로 쫓겨나다시피 했다.

그 사이 레이첼의 직장 어업국도

어류&야생동물보호국Fish and Wildlife Service(이하 FWS)으로

이름이 바뀌면서 영역이 확장되었지만,

메릴랜드에서 시카고로 옮기라는 지시를 받았다.

시카고에서 레이첼이 맡은 첫 업무는

'바다에서 얻을 수 있는 음식' 시리즈를 엮는 작업이었다.

전시에는 육류의 공급이 원활치 못하니

해산물에서 영양을 보충하려는 의도였다.

잘 알려지지 않은 해산물을 소개하는
책자를 만드는 것이 레이첼의 임무였다.
레이첼은 이번 기회에 사람들이
바다 생물에 호기심을 갖기를 바라며 서문을 시작했다.

'우리가 조개의 맛을 즐기려면 우선 모습이 어떤지,

어디에 사는지, 어떤 방식으로 잡히는지,

서식지나 이동 방식에 관해서 알고 나면,

훨씬 더 맛을 잘 느낄 수 있다.'

간략하게 조개류의 역사를 소개한 레이첼의 글은
흥미로운 결과를 얻었다.
원래 미국인은 조개를 거의 먹지 않았는데,
조개를 먹기 시작한 것이다.

이즈음 레이첼은 삽화가
셜리 브리그스와 캐서린 하우와 잘 어울려 다녔다.
셜리와 캐서린은 레이첼보다 열 살가량 어렸지만,
세 사람은 통하는 점이 많아, 삼총사로 지냈다.
그들은 하이킹이나 여행, 탐방에 함께하며

우정을 돈독히 쌓았다.

아쉽게도 캐서린이 서부로 떠난 이후로

레이첼은 캐서린을 거의 보지 못했지만,

셜리 브리그스는 레이첼이 죽을 때까지 그 곁을 지켰다.

레이첼의 회사 FWS는 1943년 봄에

다시 메릴랜드로 돌아왔다.

그러는 사이에 레이첼은 두 번 승진했고,

급료도 올랐다.

그러나 여전히 생활비가 빠듯했다.

레이첼은 『바닷바람을 맞으며』에서

어느 정도 수입을 기대했으나

판매가 보잘것없어 인세는 형편없었다.

겨우 700달러 정도를 받은 게 전부였으니,

들인 공에 비하면 오히려 적자였다.

레이첼은 책을 써서 돈을 벌기는 어렵다는 결론을 내리고,

다시 잡지사에 글을 기고하기로 했다.

레이첼의 칼럼 주제는 대체로

FWS에서 연구한 자료에 근간을 두었다.

책이 베스트셀러가 되지 않는다면

잡지에 글을 싣는 편이 훨씬 더 경제적이었다.

잡지에 실리는 글은 책보다 글이 훨씬 짧았고,

무엇보다 원고료가 바로바로 나왔다.

조금은 복잡한 문제가 레이첼의 책상에 놓여 있다.

그것은 신제품 살충제 DDT로,

전쟁 중에 늘어난 이와 질병을 옮기는

해충을 죽이려고 만든 제품이다.

그러나 그 독성이 어느 정도인지

적정 테스트를 하지 않은 상태로 시중에 판매되고 있었다.

레이첼은 이 신상품에 우려가 컸다.

안전성을 입증하지 않은 물질이 시중에 유통된다는 것은

다분히 생명을 건 위험을 품고 있기 때문이다.

독성이 강해서 해충을 한 번에 일망타진할 정도라면

사람에게도 자연에도 치명적일 가능성이 컸다.

레이첼은 급히 이 독성 물질을 점검하기 시작했는데,

살펴보면 살펴볼수록

이 화학 물질은 폭탄처럼 위험하기 짝이 없어 보였다.

레이첼은 이 살충제를 좀 더 세밀하게

연구할 필요성을 느꼈다.

그러려면 시간과 열정이 필요했다.

레이첼은 DDT의 위험성을 〈리더스 다이제스트〉에

알리는 것으로 길고 지루한 싸움의 행보를 시작했다.

'신제품 화학 물질은 어떤 위험을 내포하고 있는지 모른다.

DDT 살충제를 무분별하게 사용한다면

사람은 물론 자연의 섬세한 균형에 금이 갈 것이다.'

그러나 사람들은 별반 흥미를 보이지 않았다.

사람들은 지긋지긋한 해충을 물리친 이 새로운 '성공'에

점점 더 환호하면 했지,

여성 과학자의 글에는 관심이 없었다.

레이첼은 답답하고 막막했다.

그런데 느닷없이 스킨커 교수의 입원 소식이 전해졌다.

스킨커는 박사 학위를 따고
미국 농무부 동물학분과에 들어갔다.
그러나 남성 상관 프라이스의 여성 편견에
강하게 맞닥뜨려야 했다.
실제로 그는 여성 과학자들의 무덤이라는
평판을 지닌 인물이었다.

직업의 인정과 승진은 대개 상관의 평가에 달렸는데,
그런 상관은 거의 남성이었다.
그들이 남녀차별주의자로 있는 한
여성들은 속수무책으로 무너져 내릴 수밖에 없었다.

프라이스는 여성 과학자가 진행하는 프로젝트는
지원하지 않았고
오히려 눈을 부릅뜨고 방해해서
여성의 한계를 보여 주려고 무진장 애쓰는 인물이었다.

다행히 레이첼은 이런 최악의 불평등과는 마주하지 않았다.
그것은 레이첼이 실험실 연구가 아닌
글쓰기로 과학 지식을 전달하는 과학자였기 때문이다.

그나마 이 분야는 큰 저항 없이 여성을 받아들였다.

그렇다 해도 레이첼도

여성 과학자로서의 한계를 이겨낼 방법을 찾아야만 했다.

견디기 어려운 스트레스에 시달린 스킨커는

어렵사리 마련한 직장에 사직서를 내었고,

어느 날 아파트에서 쓰러진 채로 발견되었다.

부랴부랴 병원으로 옮긴 스킨커에게

연락할 사람을 묻자

레이첼의 이름이 나왔다.

연락받은 레이첼은 황급히 시카고로 날아가

스승 옆을 지켰다.

1948년 12월 19일, 레이첼의 영원한 스승인

메리 스콧 스킨커는 세상을 떠났다.

57세였다.

레이첼에게 과학적 야망을 심어주고 그 불씨를 댕겼고

무엇보다 전적으로 레이첼의 선택과 도전을

응원하고 사랑한 스킨커의 죽음은

레이첼을 한동안 상실감과 공허감에서
헤어 나오지 못하게 했다.
스승의 모습에서 자신의 앞날을 보았기에
현실은 더욱 고통스러웠다.
레이첼은 위안을 받으러 다시 바다로 돌아갔다.

레이첼은 툭하면 현장 탐방을 나갔다.
낡은 가방에 챙이 있는 모자, 확대경, 카메라,
쌍안경, 수첩 등을 챙겨 들고 섬을 탐험하며
새와 조개, 굴 등과 이야기를 나누었다.

캐서린 하우가 이사를 한 이후로 레이첼의 탐방에는
셜리 브리그스, 밥 하인즈가 자주 동행했다.
캐서린 하우 후임으로 온 밥 하인즈는
레이첼에게 각별한 감정을 지녔다.
그러나 그는 무척 가난하고,
가정 문제가 복잡한 사람이었다.
그렇기에 레이첼도 하인즈에게 이성적인 감정이 있었지만,
연인으로 다가가지는 않았다.
그러나 하인즈는 레이첼에게 언제나

믿음직스러운 동료이자 친구, 연인이었다.

1948년, 편집장이던 레이첼의 상사인
버트 월포드 편집장이 국장이 되었고,
레이첼이 편집장으로 승진해
FWS의 온갖 출판물을 책임졌다.
레이첼은 마치 작은 출판사를 운영하는 느낌이 들어
꽤 기분이 좋았다.

편집장이 되어 레이첼이 열정을 쏟은 작업은
'야생 동·생물 보호' 12권이었다.
이 중 4권은 직접 썼고. 한 권은 공동 집필했다.
레이첼은 철새의 서식지 감소와 오염, 불법 사냥,
종의 멸종, 전염병 확산 등을 적나라하게 들추어냈다.
경제개발에 여념이 없는 사이
숲과 초원, 해안선이 점점 줄어들어
야생 동물 서식지가 사라진다면
어떤 재앙이 닥칠지 알리고 싶었다.

무엇보다도 야생 동물 서식지 보호는

단순히 '동물'을 위한다기보다 '인간'을 위해서도
필연코 보호해야 한다는 것을 꼭 알리고 싶었다.

전에 없던 개발 속도를 보며 레이첼의 우려는 커졌다.
그때부터 레이첼은 야생 동물 서식지 파괴는
최근의 코로나19와 같은 재앙을 초래할 것이라고
경고하고 또 경고했다.

'야생 동물도 인간처럼 살 곳이 필요하다.

인간은 집과 공장을 짓고 도로를 건설하려고

숲과 늪을 없앤다.

그러면 야생 동물은 터전을 빼앗긴다.

살 곳이 사라지니, 그들은 다른 살 곳을 찾아 나선다.

이것은 자연의 조화를 깨는 행위로,

이로 말미암아 훗날 우리의 후손에게

어떤 재앙이 닥칠지 아무도 알 수 없다.'

1948년 봄, 이제 40대에 접어든 레이첼은

다시 책을 내고 싶다는 욕구가 스멀스멀 올라왔다.

당시 바다는 사람들과 친숙하지 않았다.

레이첼은 사람들에게 신비롭기 짝이 없는 바다를

제대로 알리고 싶었다.

첫 책 판매가 실패로 끝나서 주저되었지만,

그래도 도전하고 싶다는 갈망이 일었다.

우선 바다를 주제로 한 새 책을 어떻게 구상할지

고민하면서 자료부터 차곡차곡 모았고

현장 탐방에 주력했다.

이번에는 직접 출판사를 알아볼 생각은 없었다.
계약을 맺고 저작권을 관리하는 일은
에너지를 크게 소모하는 스트레스라서,
오히려 도와줄 저작권 대리인을 물색했다.

마리 로델은 자연·환경 작가 전문 대리인이었고,
유능한 편집자이기도 했다.
사교에 천부적인 소질이 있어서
굵직굵직한 출판사를 스스럼없이 드나들었다.
저작권 대리인으로서 거의 완벽에 가까우리만치
일을 잘했다.
마리 로델은 레이첼의 성향을 잘 파악했고
레이첼의 예술성과 전문성을 높이 평가했다.

레이첼은 이번 '바다' 책을
3부 14장으로 개요를 구상하고 작업을 시작했다.
원고가 3분의 1쯤 완성되었을 때
레이첼과 마리는 이 책의 성공을 예감했다.
마리 로델은 옥스퍼드대학 출판사와 접촉을 시도해
선인세 1천 달러에 계약했다.

옥스퍼드출판사와 계약하는 과정에서
마리 로델의 능력은 탁월했다.
레이첼에겐 그토록 어렵기만 한 협상을
마리 로델은 척척 잘 해냈다.
이 모습을 지켜보면서 레이첼은
마리 로델이 자신의 완벽한 출판 파트너라고 여겨
믿고 의지했다.

이후로 레이첼은 마리 로델과 호흡이 척척 맞았다.
무엇보다도 마리는 레이첼이 책의 장을 완성할 때마다
잡지에 실리도록 주선해서
그때그때 필요한 경비를 마련해 주어
레이첼이 경제적으로 쪼들리지 않게 배려했다.
또 과학상을 받도록 주선해
상금은 물론 과학계에서 레이첼의 입지를 마련했다.

레이첼이 마리 로델을 만난 것은 행운이자 운명이었다.
레이첼이 죽은 후에도 마리 로델은
레이첼이 남긴 책들과 자료들을 아주 잘 관리해,
후손에게 남겼다.

바다를 주제로 글을 쓰다 보니 레이첼은 한계에 부딪혔다.
바다 밑을 본 적이 없어서 애로사항이 많았다.
레이첼의 첫 책 『바닷바람을 맞으며』의 팬인
해양학자 윌리엄 비비의 주선으로
레이첼은 마침내 마이애미 해양연구소 생물학자들 속에
끼어 '바다 밑'으로 들어갈 기회를 얻었다.

레이첼은 40킬로그램이나 나가는 잠수용 헬멧을 쓰고
발에 무거운 납덩이를 달고는
사다리를 밟고 한 칸 한 칸 바다 밑으로 내려갔다.
몹시 미끄러웠고, 압력 때문에 꽤나 괴로웠다.
바람과 물살이 거세어서
사다리에만 매달려 있어야 했다.

물속에서 처음 본 것은
너풀거리는 부채꼴 모양의 산호충이다.
그리고 작은 형형색색 물고기들이
재빠르게 움직이는 모습이 보였다.
바다 밑바닥은 흙더미 천지에 움푹한 구멍이 많았고,
경사진 비탈도 많았다.

물속이 뿌예서 레이첼은 마치 야릇한 무릉도원의
몽롱한 푸른 빛 전경을 보는 착각에 빠져들었다.
아쉽게도 날씨가 흐리고 비바람이 몰아치는 바람에
잠수는 금방 중단되었다.
그 후로도 여러 번 시도했지만,
성공하지는 못했다.
그렇다 하더라도 잠수를 해 본 것과
그렇지 않은 것과는 하늘과 땅 차이였기에,
이 경험은 획기적이었다.
바다 밑을 체험한 뒤 모든 것이 다르게 보였기 때문이다.

다음 체험은 거대한 어선인 앨바트로스 3호 승선이었다.
앨바트로스는 깊은 바닷속 연구를 위해 만든 어선이다.
앨바트로스 3호가 연구용 배이긴 했지만,
여기서 거둬들이는 어획량 또한 자랑거리였다.
레이첼은 탐험선 앨바트로스 3호를 타고
조지 뱅크 어장 조사에 나섰다.
조지 뱅크는 보스턴에서 동쪽으로
300여 킬로미터 떨어진 어장으로
어획량이 풍부하던 곳인데,

슬슬 어획량이 줄고 있었다.

레이첼은 그 원인을 알아내려고

물고기, 수온, 수심에 관한 자료 조사에 나섰다.

이것은 FWS의 공식 업무이기도 했다.

그러나 레이첼은 이런 공식 업무 외에도

바다에서 잡아들인 다양한 어류를 관찰하고,

망망대해 넓은 바다의 느낌을 알고 싶었다.

문제는 이제껏 앨바트로스 호에

여성이 탑승한 적이 없다는 것이다.

레이첼 혼자 배에 탑승해

며칠에 걸친 자료 조사를 하는 것은

선원들에게나 레이첼 자신도 부담이었다.

그래서 마리 로델이 동행하기로 했다.

그러나 선원들은 배에 탄 두 여성에게

호의적이지 않은 눈초리를 던졌다.

배에서 첫날밤, 레이첼과 마리는 한숨도 자지 못했다.

소음이 귀가 터질 정도로 크게 들렸기 때문이다.

레이첼과 마리는 무슨 충돌 사고라도 난 줄 알았다.

그런데 그 소음은 흔한 일상의 뱃소리였다.

아침에 일어났는데, 선원들이 잘 잤는지를 물었다.

두 여성은 피곤해서 쿨쿨 잤다고 허세를 부렸지만,

레이첼과 마리는 새삼스레

선원들의 팍팍한 삶의 현장에 연민을 느꼈다.

선원들은 두 여성의 허세에 피식 헛웃음을 지었다.

어선에서의 생활은 생각처럼

달콤하지도 로맨틱하지도 않았다.

배가 심하게 흔들려 뱃멀미가 심했고,

음식도 형편없었고,

소음은 귀청이 떨어져 나갈 것처럼 끊이지 않았다.

그러나 그물에 딸려 올라온 온갖 낯선 해양 생물을 보고는

흥분을 감추지 못했고,

해 질 녘 신비로운 바다 일몰 전경에 전율했다.

그럴 때면 마치 책 속 풍광에 들어와 있는 기분이었다.

앨바트로스 선장은 레이첼과 마리에게 호의적이었다.

그 결과로 이번 어장 조사는

레이첼과 승무원의 호흡이 아주 잘 맞아서
어장의 대구 서식지를 알아내는 등의 성과를 보였다.

바다 밑 탐험과 앨바트로스 탐험은
레이첼에게는 더할 나위 없이 소중한 경험이었다.
이 경험은 평생에 걸쳐서 도움이 되었다.
무엇보다도 열흘간 배에서 마리와 함께한 시간은
잊을 수 없는 시간이었다.
레이첼은 마음속으로 구상 중인 책 '새'와 관련해서
마리와 오랫동안 대화를 나누었다.
언젠가부터 레이첼은 새에 관심이 많아졌다.

1949년 10월에 레이첼은 한 달간 휴가를 내어
이번 책을 쓰는 데 필요한 조사 활동을 떠났다.
레이첼은 장이 완성될 때마다
그 분야의 전문가에 보내 평가와 감수를 받았다.
밀물과 썰물, 파도, 조류, 해양지질학, 섬 등으로 이루어진
각 장을 수정하고 또 수정하기를 반복했다.
이해하기 쉬운 단어를 선택하고
시적인 이미지를 주려고 무진장 애썼다.

원고가 완성되어 갈수록
레이첼과 마리 로델은 좋은 결과를 조심스레 확신했다.
그러나 원고는 더디게 완성되어 갔고,
원고를 준비하는 과정에서 생각보다 비용이 많이 들었다.
현장 탐방과 사진 인화, 감수 등 경비가 만만치 않았다.
마리 로델이 최선을 다해서 경비를 마련해 주었지만,
여전히 빠듯했다.

레이첼은 구겐하임 연구 지원금을 신청했고,
지원금 신청서에 원고를 소개했다.

　'대중에게 쉽게 과학적 내용을 설명해서
　신비로운 바다 세계를 널리 알리려고 합니다.'

다행히 레이첼은 지원금을 받을 수 있었다.
비용이 어느 정도 해결되니 한시름 놓였다.

1950년 2, 3월 내내 책 제목을 놓고 씨름했다.
어찌 보면 책 내용을 쓰는 것이 책 제목을 정하기보다
오히려 쉬운 일이라는 생각이 들 정도였다.

후보로 '바다로의 회귀' '바다 이야기' '바다 제국'
'나의 깊은 곳으로부터' '바다의 카슨' '우리를 둘러싼 바다'
등의 후보가 있었고, 몇 번의 갈팡질팡 끝에
'우리를 둘러싼 바다The Sea Around Us'가
제목으로 가장 그럴싸하다는 결론에 도달했다.

〈뉴요커〉 잡지사의 윌리엄 숀 편집장이
이 원고에 흥미를 보였다.
〈뉴요커〉는 14장 가운데 무려 9장을 샀고
「바다에 관한 프로파일」이라는 제목으로
3회 연재물로 내보냈다.
레이첼은 무려 7,200달러를 원고료로 받았다.

『우리를 둘러싼 바다』가 성공한 데에는
〈뉴요커〉의 영향력을 무시할 수 없었다.
책이 출간되기 전
최고의 문학잡지인 〈뉴요커〉에 글이 실리는 것은
엄청난 광고 효과가 있었다.

잡지사 〈예일 리뷰〉는 「섬의 탄생」 장을 사들여서

9월호에 실었다.

「섬의 탄생」은

섬이 생겨나서 그곳 풍토에 맞는 동식물이 서식하면서

어렵사리 섬은 자신만의 고유함을 만들어 났는데

인간의 탐욕이 이런 달팽이 같은 진화를

순식간에 파괴한다는 내용을 담고 있다.

〈뉴요커〉의 연재물은 우수 과학 저작물로 인정받아

웨스팅하우스 상과 더불어 상금 1,000달러도 탔다.

〈보그〉 잡지도 「해류와 기후」 장을 싣겠다고 나섰다.

출간하기 전부터 지식인들이 잡지에 실린

일부 『우리를 둘러싼 바다』를 읽으며 이야기꽃을 피웠고,

유명 인사들이 레이첼에 연락을 취해왔다.

이런저런 입소문 속에

『우리를 둘러싼 바다』는 1951년 7월 2일 출간되었고,

다음날로 초판이 동났다.

출간 두 달 만에 〈뉴욕타임스〉 베스트셀러에 올랐고,

11월에 10만 부가 날개 돋친 듯이 팔려나갔다.

크리스마스이브 하루에만 4천 부가 팔릴 정도였다.

『우리를 둘러싼 바다』는 86주간

베스트셀러에 목록을 올렸고,

32주간 1위를 했다.

또 해외 판권이 팔려 32개 언어로 번역되어 세계로 날아갔다.

레이첼은 하루아침에 느닷없이 유명 인사가 되었다.

밀려드는 전화를 받았고

가방으로 한가득 팬레터를 받았으며,

강연 요청이 쇄도했다.

레이첼은 이런 관심이 낯설긴 했지만 기쁘고 충만했다.

1952년 1월엔 '내셔널 북어워드' 논픽션 부문을 수상했고,

4월에는 레이첼이 가장 탐낸 '존 버로스 메달'을 받았다.

존 버로스 메달 수여식 소감에서는 이런 경종을 울렸다.

'인간은 스스로 창조한 인공 세계로 너무 멀리 왔습니다.

강철과 콘크리트 도시에 살면서 땅과 바다,

생명체에게서 스스로 고립되었습니다.

인간은 힘을 과시한 나머지 자신은 물론

삶의 터전까지도 파괴하는 데 매진하고 있는 듯합니다.'

『우리를 둘러싼 바다』를 읽은 독자는

그 신비롭고 매혹적인 내용에 흠뻑 빠져들었다.

흥미로운 묘사와 신비로운 과학 정보가 담겨 있고,

딱딱한 내용에 시적 호소력이 더해져 감성이 자극되었다.

더불어 바다 세계를 향한

사람들의 깊은 지적 갈망에 와 닿았다.

세간은 여전히 여성 과학자가

이렇게 엄청난 지력의 글을 썼다는 것을

인정하지 않는 분위기가 지배적이었으나,

『우리를 둘러싼 바다』는 여러모로

레이첼의 삶을 바꾸어 놓았다.

그중 과학 분야에서 인정과 명예를 얻었다는 것과

경제적인 자유가 생겼다는 것,

앞으로 원하는 책을 발표하고

그 중요성을 말할 기회를 얻었다는 것이다.

안타깝게도 이런 성공을 레이첼은 제대로 즐기지 못했다.

당시 가정사가 복잡했다.

조카인 마조리가 유부남과의 불륜으로 아들을 낳았다.

아들의 이름은 로저였다.

게다가 마조리는 당뇨를 심하게 앓고 있어서

건강이 좋지 않았고, 아들을 키울 능력도 없었다.

카슨 부인의 시름은 깊었다.

카슨 부인은 레이첼에게 로저 걱정은 하지 말라며,

자신이 키우겠다고 우겼다.

그러나 이것은 현실적으로 불가능했다.

로저가 레이첼의 차지가 될 것은 뻔했다.

게다가 마조리의 불륜이 세상에 드러날까 봐

레이첼은 신경이 예민해졌다.

이런 상황에 오직 바다에 나가서

자연 속에 빠져 있는 시간만이 유일한 위안이었다.

휴턴 미플린 출판사 편집장 폴 브룩스는

케이프 코드에서 한가로이 휴가를 즐기고 있었다.

그때 왕게들이 모래사장에 올라와 있는 것이 보였다.

그는 자비를 베풀어 게들을 주워 바다로 돌려보냈다.

그리고 게들을 도와줬다는 뿌듯함에 한껏 기분이 좋았다.

그런데 이런 자비는 게들의 짝짓기 과정을 방해한 것이다.

나중에 이 사실을 안 편집장은 이런 무지가 부끄러웠다.

그는 이 사건을 계기로

'대서양 연안 해안 안내서'를 구상 중이었는데,

이 책을 쓸 마땅한 저자를 찾지 못하고 있었다.

전에 앨바트로스 3호에 탔을 때

레이첼이 마리에게 새에 관한 책 구상 얘기를 한 적 있었다.

그 구상을 계기로 작은 출판사인

휴턴 미플린의 폴 브룩스를 알게 되었다.

폴 브룩스는 거의 조류 전문가라고 할 만큼

새에 대해서 아는 것이 많았다.

이에 레이첼은 폴 브룩스와 통하는 점이 많았고,

레이첼을 만나본 폴은 자신이 구상 중인 책의 저자로

레이첼이 안성맞춤이라는 생각이 들었다.

『우리를 둘러싼 바다』의 성공으로 인세가 많아지자,

레이첼은 FWS에 1년 장기 휴직을 신청하고,

휴턴 미플린 출판사와 계약한

'대서양 연안의 해안 안내서' 작업에 착수했다.

레이첼은 메인주에서 플로리다주까지

해안선 탐방에 나섰다.

레이첼은 이번 책이 단순한 해안 안내서가 아닌,

아주 유익한 책으로 만들고 싶었다.

그저 사람들에게 해안을 어떻게 활용해야 하는지만을

설명하고 싶지는 않았다.

'해양 생물은 어디에서 살까?'

'굳이 왜 그곳에 터전을 잡았을까?'

'먹이는 어떤 방식으로 구할까?'

'생존 전투는?'

이런 호기심이 레이첼을 자극했다.

이번에는 카슨 부인도 함께했다.

레이첼이 성공하는 과정에서

어느 정도 카슨 부인은 소외되어 있었다.

마리 로델이 레이첼과 함께하는 시간이 많을수록

자연스럽게 카슨 부인은 뒷전으로 밀려났다.

이것을 인정할 수 없던 카슨 부인은

수시로 딸에게 전화와 편지를 하는 등 집착 증세를 보였고,

마리 로델을 시기했다.

카슨 부인의 마음을 이해하는 레이첼은

기꺼이 어머니와 함께할 시간을 내었다.

중간마다 밥 하인즈가 합류했다.

그는 이번 '대서양 연안의 해안 안내서'의

삽화를 맡았다.

하인즈는 잘생겼고 유머가 있는 따뜻한 사람이었다.

오랫동안 레이첼과 일을 했기에 호흡이 척척 맞았다.

하인즈는 레이첼과 함께 있는 것이 좋았다.

그렇기에 그는 레이첼 옆을 늘 지키는 카슨 부인이

썩 내키지 않았다.

그러나 내색하지 않고 언제나 신사답게 행동했다.

레이첼과 하인즈는 플로리다에서

3주 넘게 함께 시간을 보내며 탐험에 빠져들었다.

벌써 1년간 얻은 휴가도 거의 끝나간다.

줄곧 레이첼은 퇴사 문제를 고민 중이었다.

직장을 다니며 개인적인 책을 출간하려면

시간을 쪼개고 쪼개도 모자랐다.

그렇기에 레이첼은 퇴사를 결심했고

FWS 국장에게 서신으로 사직의 뜻을 정중히 전하고

사직서 양식을 보내 달라고 청했다.

국장도 더는 레이첼을 잡을 수 없음을 알고 양식을 보냈다.

1952년 6월, 45세의 레이첼은

사직서를 우편으로 보내 16년간의 공무원 생활에
마침표를 찍었다.

그날 레이첼은 밥 하인즈에게 전화를 걸었다.
"지금 막 FWS에 사표를 던졌어요. 이젠 자유예요!"
"기분이 어때요?"
"날아갈 것만 같아요. 우리 저녁 먹을까요?"
"당연히 그래야죠."

밥 하인즈의 삽화는 느리게 진행되었다.
레이첼은 속이 터져 독촉하고 또 독촉했지만,
밥 하인즈는 섬세한 부분까지 신경 쓰고,
레이첼의 작품에 누가 되지 않으려고 최선을 다했다.
그리고 레이첼은 밥의 그림이 마음에 쏙 들었다.
그들은 이 작품을 하는 내내 같이 있었고
레이첼은 하인즈와 함께하는 시간이 즐겁고 행복했다.

'대서양 연안의 해안 안내서'를 준비하는 동안
레이첼은 메인주 해안과 사랑에 빠졌고,
급기야 사우스포트 섬에 땅을 사서 아담한 별장을 지었다.

레이첼은 새로 지은 별장에서 지낼 생각에
잔뜩 부풀어 있었다.

현장 탐방은 연구 조사가 목적이기도 했지만,
더러는 가족에게서 받는 스트레스를 푸는
탈출구이기도 했다.
1953년 7월, 레이첼은 어머니와 고양이 머피와 함께
새로 지은 별장에서 당분간 지내기로 했다.
바닷가 별장 생활은 고단한 레이첼에게
진정한 휴식과 여유를 주었다.
근처에 도로시와 스탠리 프리먼 부부 별장이 있었는데,
이들은 『우리를 둘러싼 바다』의 팬이었고,
유명 작가인 레이첼이 이웃이 되었다는 소식을 듣고
한걸음에 달려왔다.

도로시 프리먼은 성격이 밝고 정이 많은 사람이었다.
레이첼보다 아홉 살이나 많은 도로시에게는
온화함과 가족에게서만 느끼는
특유의 안정감이 배어 있어
레이첼은 도로시와 함께 있는 것이 편하고 즐거웠다.

금방 두 여성은 서로에 빠져들었다.

도로시 프리먼은 자연을 아끼고 소중히 여기는

자연주의자였고,

과학자 레이첼을 존경하고 응원했다.

레이첼에게 도로시는 인생의 선물과도 같은 존재가 되었다.

앞으로 수십 년간 두 사람은 서로 만나고

편지를 교환하며 마음을 나눈다.

그들은 편지로 음악과 시를 노래했고,

감명 깊게 읽은 책과 자연을 이야기했으며,

서로 다른 곳에 있으면서도

'마음이 통한' 즐거움에 관해서 토로했다.

두 사람의 편지는 우정을 넘어선

마치 연인 관계와 같은 애정을 보였다.

레이첼은 편지에서 도로시에게 '달링'이라고 칭했고,

속마음을 모두 털어놓았다.

레이첼에게 도로시는 보호자와도 같은 존재였다.

레이첼이 사람과의 관계에서 도로시에게처럼

적극적으로 감정을 표현한 사람은 없었다.

도로시의 등장으로,

카슨 부인은 또다시 긴장해야 했고,

도로시의 남편인 스탠리도 아내를 레이첼과 공유해야 했다.

새 별장에서 지내는 몇 달간 레이첼은 무척 즐거웠다.

매일 아침 철새들과 바다표범을 구경하며

조수 웅덩이도 관찰했다.

그 어느 때보다 레이첼의 마음은 고요했고,

새 별장은 레이첼에게 진정한 안식처였다.

마조리도 아기 로저와 별장을 찾았다.

레이첼은 마조리와 로저를 돌보는 데 시간과 정성을 쏟았다.

진행하던 '대서양 연안 해안 안내서' 제목이

『바다의 가장자리』로 정해졌다.

총 5장으로 구성한 『바다의 가장자리』는

1장은 더없이 아름답고 매혹적인 해안을,

2장은 파도와 해류, 조수, 해수역 등을,

3장은 암석 해안을,

4장은 모래 해안을,

5장은 산호 해안을 다루었다.

레이첼은 자신이 어릴 때 흥미를 느꼈던 주제를
서문으로 택했다.

"이건 뿔고동이야." 혹은 "이건 엔젤윙이야." 정도로
해안 생명체를 이해한다고 볼 수는 없다.
이 껍데기에 살았던 생명체의 일생을 감각적으로
이해할 줄 알아야 한다.
이들이 어떻게 거친 파도와 폭우를 이기고 살아남는지,
이들의 적은 누구인지, 어떻게 먹이 찾고 새끼를 낳는지,
자기 터전인 바다와 어떤 관련을 맺고 사는지 등을
알아야만 진정으로 이들을 이해한다고 할 수 있다.

1955년 8월, 〈뉴요커〉에 『바다의 가장자리』는
2회 연재되었고, 두 달 뒤인 10월 26일에 출간되었다.
몇 주 만에 새 책은 〈뉴욕 헤럴드 트리뷴〉과
〈뉴욕타임스〉 베스트셀러에 목록을 올렸고,
〈뉴욕타임스〉엔 23주 동안이나 베스트셀러 자리를 지켰다.
비평가들은 탁월한 레이첼 카슨이
모래 한 알 한 알의 의미를 발견했다고 평했다.

책이 출간되어 한숨 돌리고 있는데,
CBS TV 프로그램 〈옴니버스〉의 연출자들이
레이첼에게 '구름'을 주제로 한 다큐멘터리 원고를
써 달라는 청을 넣었다.
레이첼은 TV 프로그램이 낯설었지만,
'구름'이라는 소재에 호기심이 끌렸고,
새로운 매체와 연결된다는 것에도 흥미가 생겼다.

이 아이디어는 CBS에 여덟 살짜리 소녀 시청자가 보낸
"하늘과 관련한 프로그램을 보여 주세요.
저는 하늘에 관심이 많거든요"라는 편지에서 비롯되었다.
연출자들은 레이첼에게 자유롭게 쓰라는 권한을 주었고,
그 대가로 레이첼은 그저 뻔한 것 이상의 것을 보였다.

  '움직이는 구름의 아름다움에는 지구의 나이만큼이나
  오래된 이야기가 숨어 있어요.
  구름은 바람이 하늘에다 쓴 글이에요.
  구름엔 바다와 육지를 떠다니는 공기 덩이의 특징이 있어요.
  구름은 조종사에게 비행하기 좋은 날씨를 알려 주거나,
  지금은 고요하나 곧 격렬한 바람이

몰아칠 거라는 예고이기도 해요.
그러나 무엇보다도 구름은 생명 자체와 연결된
오랜 과정을 보여 주는 우주의 상징이에요.'

1956년 3월 11일에 이 프로그램이 방영되었고,
곧바로 TV의 영향력은 레이첼을 유명 인사로 만들었다.

『바다의 가장자리』 출간과 TV 출연과 더불어
레이첼의 사교 범위는 한층 넓어졌다.
그러나 개인적인 불행이 여전히 레이첼의 발목을 잡았다.

80대 후반에 접어든 카슨 부인은 점점 허약해졌고,
조카 마조리는 폐렴으로 병원에 입원했다,
어린 로저는 툭하면 레이첼의 차지였다.
레이첼은 마조리의 집세는 물론
생활비와 병원비를 보조했다.

잠시나마 이제 조금 나아졌다고 생각하는 순간,
마조리가 세상을 떠났다.
마조리는 서른한 살, 로저는 다섯 살이었다.

레이첼은 쉰 살, 카슨 여사는 여든여덟 살이었다.

로저를 키울 사람이 마땅치 않았다.
마조리의 언니이자 로저의 이모인
버지니아가 키우는 것이 마땅해 보였으나
버지니아는 새로 가정을 꾸렸기에,
로저를 맡을 형편이 되질 않았다.
카슨 부인은 레이첼에게 짐을 지우고 싶지 않은 마음에
자신이 로저를 키우겠다고 했지만,
레이첼은 로저를 자신보다 더 잘 키울 사람이
세상에 없다는 생각이 들었다.

죽은 마리안 언니의 불행은 딸 마조리에게로 이어졌다.
이 불행이 로저에게로 이어질 것을 우려한 레이첼은
고심 끝에 로저를 양자로 삼았다.
엄마를 잃은 로저는 정서가 불안정했다.
그런 로저를 키우는 것은 이모할머니인 레이첼에게는
벅차고도 벅찬 일이었다.
경제적 여유가 생긴 레이첼은
메릴랜드 실버스프링에 땅을 사서

남은 가족이 함께 살 집을 지었다.

슬픔으로 정신이 혼미하고

책임감으로 마음이 버거운 레이첼은

일이 손에 제대로 잡히지 않았다.

바깥세상 또한 레이첼의 마음처럼 황량했다.

전쟁이 끝나고

미국은 외국에서 들어온 해충들이

심각한 골칫거리였다.

특히 불개미와 매미나방의 습격으로

농작물이 초토화되었고,

농민들은 고충을 토로했다.

이에 미국 농무부는 불개미와 매미나방을 퇴치하려고

DDT를 대량 살포했다.

이것은 단지 농민들의 고충을 덜어주려는

연민도 있었지만

농무부 관료들이 농업 분야에

더 큰 영향력을 행사하고 싶은 탐욕도 작용했다.

획기적인 신상품 살충제 DDT는

작물의 해충을 박멸했고 전염병을 막았다.

DDT 살포로 골칫거리가 해결되자,

DDT를 만들어 낸 하얀 가운을 입은 과학자들은

신처럼 숭배되었고,

암암리에 손을 잡은 정부와 살충제 제조 기업은

이 새로운 무기에 환호하며 열렬한 애정을 과시했다.

사람들은 DDT의 위험을 거의 인지하지 못했다.

그저 DDT가 해충을 없애는 이로운 물질로만 여기고

두 손 들어 환호했다.

그러나 일부 과학자들과 시민 단체에서는

DDT의 과잉 사용을 우려했고,

전국 야생생물협회에서는 독성이 강한

DDT의 대량 사용은 비듬을 치료하고자

사람의 머리 가죽을 왕창 벗기는 꼴과 같다고

맹렬히 비판했다.

일부 시민들도 이 대열에 참여했다.

롱아일랜드에 매미나방이 우글우글대자,

정부에서는 DDT를 무차별 살포했다.

롱아일랜드 섬 주민들은 분노하며

섬에 DDT를 대량 살포하고 있는 것을 멈추라고

국가를 상대로 소송을 제기했다.

또 어느 지역에서는 모기를 죽이려고

DDT를 공중 살포했는데,

보호 구역의 새들이 중독되어 끔찍하게 죽어 갔고,

모기들은 전보다 더 기승을 부린다는 보도도 나왔다.

이 소식을 접한 레이첼은 복잡한 가정사는 접어두고

이전의 관심사로 서둘러 돌아왔다.

레이첼은 과학자와 의사를 만나서 DDT 문제를 논의했고,
소송을 건 롱아일랜드 주민들을 만났다.
연방 정부가 매미나방을 제거한답시고
나무에 DDT를 무차별 뿌리니 잎이 떨어졌고,
벌레들이 그 잎사귀들을 먹었고,
새들이 그 벌레들을 잡아먹었다.
그러고 어떤 새는 껍데기가 허약한 알을 낳았고,
그 알은 금방 깨어져 버렸다.
또 어떤 새는 전혀 알을 낳지 못했고,
시름시름 앓다가 죽어버리기도 했다.

그런데 정부가 섬 전체에 DDT를 대량으로 살포한 것은
롱아일랜드 주민들을 위한 것이라기보다는
이 섬에서 가까운 대도시 뉴욕으로 전파될 위험을
초저녁애 차단하기 위해서였다.
롱아일랜드 주민들은 분노했다.
상황이 이런데도 롱아일랜드 소송 판사는
주민들의 외침에 귀를 막았다.
법정은 DDT가 위험하다는 증거가 없고,
살충제가 위험하다는 건 단지 추측일 뿐이라
법정은 그런 추론을 받아들일 수 없다는 말만 반복했다.

정부와 DDT 제조 기업은
독성이 강한 DDT 살포와 관리를
위험조차 인지하지 못하는 사람들 손에 운영을 맡겼다.
그리고 문제가 발생할 시 그 책임은
DDT를 사용한 개인에게 물었다.
정부는 DDT의 효능과 부작용을
대중에 솔직히 알릴 책임이 있는데도
오히려 기업 편에서 대중을 기만했다.

레이첼은 DDT 연구를 하면 할수록
독성 화학 물질의 무책임한 사용에 분노가 치밀었다.
정부의 부주의한 행동 탓에 자연의 신중한 속도와는
비교할 수 없는 속도로 새로운 변화가 생겨났다.

무엇 때문에 이런 위험을 무릅써야 하는가?
모든 생명체 중에서 가장 높은 지성을 갖춘 인간이
해충 몇 종을 없애려고 자연 전체를 오염시키고
인간과 동물을 질병과 죽음으로 몰아갈 이유는 무엇인가?

레이첼은 잡지에 글을 연재할 계획을 세웠다.
마리 로델도 동의했다.
그러나 어느 잡지사에서도 관심을 보이지 않았다.
그것은 DDT를 판매하는 기업이
광고를 중단할 것을 우려해 눈치를 보는 거였다.

레이첼은 휴턴 미플린 출판사의 폴 브룩스 편집장과
〈뉴요커〉 잡지사의 윌리엄 숀 편집장에게
DDT를 주제로 책을 내고,
기사를 싣자는 제안서를 보냈다.

다행히 두 군데 다 관심을 보였다.

숀은 〈뉴요커〉에 2회 분량으로 싣자고 했다.

휴턴 미플린도 레이첼과 계약하자고 했다.

〈뉴요커〉의 숀 편집장은 레이첼에게

의욕만큼 강렬하게 글을 써 줄 것을 청했다.

'세상에는 객관적이거나 공평하게 다루면 안 되는

것들이 있습니다. 어찌 살인자를 용서하겠습니까.

〈뉴요커〉가 세상을 바꿀 수 있다고는 생각하지 않습니다.

그런데 어쩌면 이번은 그럴지도 모르죠'.

허약한 어머니와 어린 로저를 돌봐야 하는 레이첼은

함께 작업할 보조 작가가 필요했다.

의과대학생인 배티 해니가 레이첼과 일하기로 하고

글을 요약하고 자료 조사를 함께하기로 했다.

살충제는 사람에게 치명적인 질병을 일으키기에,

의사의 전문 조언과 의견이 필요했다.

그렇기에 의과생인 배티는 레이첼에게 크게 도움이 되었다.

레이첼은 정보를 얻을 수 있는 사람이라면 누구든지

편지를 써서 정보를 요청했다.

공무원들에게 전화를 걸면 대체로 피했지만

더러는 화들짝 놀랄만한 사실을 넌지시 일러 주기도 했다.

예를 들면, 어느 유아 식품 회사는

DDT를 뿌린 채소를 기피한다는 소문이

공공연히 나돈다고 했다.

조사를 하다 보면 자꾸만 조사할 것이 늘어만 갔다.

어떤 글을 읽다 보면 또 다른 문제가 언급되었고,

어떤 사람과 이야기를 나누다 보면

거기서 또 다른 문제가 제기되었다.

레이첼은 한동안 DDT 관련 글과 자료에 푹 빠져서 살았다.

전문가를 찾아가 곤충과 새, 토양과 사람,

그 외 포유동물과 해양 생물 등이

DDT에 어떤 영향을 받고 있는지에 관해 의견을 나누었다.

공무원 생활을 한 16년간의 세월은

여러모로 크게 도움이 되었다.

레이첼은 다양한 정부의 도서관을 이용하는 방법을 알았고,

정보를 얻을 수 있는 사람을 만나는 방법도 알았다.

이러는 와중에 카슨 부인이 발작을 일으켰다.

레이첼은 만사를 제치고 어머니를 간호했다.

밤이면 가끔 어두운 거실로 나와 밤하늘의 별을 바라보며

레이첼은 어머니와의 이별을 준비했다.

어머니가 쓰러진 것이 이번이 처음이 아니었다.

벌써 여러 차례였다.

이젠 죽음의 그림자가 어머니 발치까지 와 있었다.

그리고 며칠이 지난 1958년 11월 22일,

카슨 부인은 새벽 6시에 눈을 감았다.

부인의 나이 90세였다.

카슨 여사는 화장해서

레이첼과 로저가 사는 근처에 묻어 달라고 유언했다.

어머니의 유언에 따라 레이첼은 자신이 산 땅 근처에 있는

메릴랜드의 파크론 묘지에 어머니를 묻었다.

레이첼은 추모의 글을 썼다.

'마리아 카슨은 평생 자연과 땅 보호에 관심 있었습니다.

그 관심은 1952년 베스트셀러『우리를 둘러싼 바다』의

저자인 딸에게 고스란히 전수되었습니다.'

장례를 마친 레이첼은

어린 로저에게 할머니의 죽음을 설명해야 했다.

마조리 때와는 다르게 의외로 담담한 로저는

하늘의 천사가 할머니를 데려갔을 거라며

오히려 레이첼을 위로했다.

기력이 바닥나고

어머니를 잃은 깊은 상실감에 빠진 레이첼은

독감에 걸려 자리를 보전한 채로 그해를 넘겨야 했다.

1959년 1월 중순, 레이첼은 다시 일터로 돌아왔다.

레이첼의 글쓰기 작업은 느릿느릿 진행되었다.

1959년 말까지 완성할 계획을 세웠으나 터무니없었다.

어머니를 잃고 50대에 접어든 레이첼은

궤양과 폐렴, 독감 등의 질병과 싸워야 했기 때문이다.

레이첼의 회복은 더디고 고통스러웠다.

그 와중에 조금이라도 나아졌다 싶으면

침대에서도 글을 썼다.

레이첼은 정부와 기업이 '꼼짝 못 할 증거'를 내놓아

DDT 사용을 금지할 의무감에 사로잡혔다.

이것은 돌아가신 어머니의 목소리이기도 했다.

자연주의자인 카슨 부인은

DDT의 무분별한 살포를 보고 들으며 몹시 분노했고

레이첼에게 DDT의 위험을 꼭 밝히라고 당부했다.

레이첼은 이 작업이 나라를 발칵 뒤집어 놓을 사건이

될 거라는 사실을 아주 잘 알고 있었다.

암암리에 레이첼이 DDT 관련 글을 쓴다는 소문이 퍼졌고,

전국 야생생물협회에서는 살충제를 주제로 강연해 달라는

요청도 왔지만, 레이첼은 거절했다.

조심할 필요가 있었다.

정부와 살충제 제조 기업은 레이첼을 예의주시하며

은근히 때로는 대놓고 압박하고 있는 이 마당에

아직 완성되지 않은 연구를 발설하는 것은 경솔한 행위였다.

가능한 한 연구 단계를

비밀로 유지하는 것이 좋을 듯싶었다.

DDT 위험을 알리는 글을 쓰면서

레이첼이 가장 마음을 졸인 부분은 소송에 휘말리는 것이다.

그렇기에 꼼꼼히 사실 여부를 확인해야 했다.

레이첼의 후견인 마리 로델은 휴턴 미플린과

원고 마감 기한을 연장했고,

책 출간 뒤 법적인 반격에 대비해서 계약서를 수정했다.

혹시 소송이 걸릴 경우 레이첼의 부담금은

2,500달러를 넘지 않는다는 조항을 추가했다.

사회적으로 첨예한 논쟁거리인 만큼

사전 준비는 철저해야 했다.

당시 미국 농무부는 살충제 산업과 깊이 연관되어 있었다.

레이첼은 다방면으로 공무원들을 접촉했고,

그중 몇 명이 은폐한 정보를 은밀히 제공했다.

그들은 자신의 이름을 거명하지 않는다는 조건으로

기꺼이 도움을 주었다.

어느 정도 연구와 글쓰기 작업이 진행되자,

레이첼은 1959년 4월 3일 자 〈워싱턴 포스트〉에

글을 싣는 것을 필두로 공식적인 행보를 시작했다.

「사라지는 미국인들」이라는 제목의 글에서

레이첼은 합성 화학 물질인 살충제와 제초제가

식물과 토양, 먹이 사슬을 통해서

계속해서 남아 있다고 설명했다.

그러면서 이렇게 경종을 울렸다.

　'갑자기 새의 노랫소리가 들리지 않고
　새에 관한 기억마저 모두 사라져 버린다면
　우리는 깊은 비탄에 빠질 것이다.
　만일 이 죽음의 비가 새에게 이토록 재앙이라면
　우리 인간을 비롯한 다른 생명에게는 어떻겠는가?'

새에 관심이 부쩍 많아진 레이첼은
새를 통해서 살충제 문제에 대한 대중 반응을 이끌어냈고,
예상대로 사람들은 친근한 새에 곧바로 반응했다.
이 글을 읽은 독자인 아그네스 메이어는
이런 편지를 보내왔다.

　'지금 우리 집 앞 은행나무에 약을 칠 예정이니
　지나는 사람들은 조심하라는 안내판이 걸려 있어요.
　새들도 이 글을 읽을 수 있으면 좋겠어요.'

그리고 얼마가 지나 〈뉴욕타임스〉 헤드라인에
「흰머리 독수리가 점점 사라지고 있다.

DDT 살포로 불임이 의심된다」라는 제목의 기사가 실렸다.
플로리다의 흰머리 독수리 80퍼센트가 불임이라는
연구 결과가 발표되었다.
흰머리 독수리는 물고기를 잡아먹는데,
문제는 물고기에 DDT 잔여물이 남아 있어서
독수리들이 불임이 되었다는 발표였다.
이 기사는 대중에게 적잖은 충격을 주었다.

레이첼의 조수 배티 해니는 책 작업이 달팽이같이 느렸기에
이번 책을 완성하지 못할까 봐 조바심이 났다.
이제 그녀는 의과대로 돌아갈 시기가 되었고,
원고를 완성하지 못하고 떠나는 마음이 무거웠다.

레이첼은 배티 해니를 아주 좋아하고 의지했으며,
꼼꼼하게 일 처리하는 것이 마음에 들었다.
다음 해 여름에 해니가 결혼할 때 웬만하면
공식 석상에 얼굴을 보이지 않던 레이첼이었지만
해니의 결혼식만큼은 참석해서 축복을 기원했다.

1959년 가을, 배티 해니가 떠나고 진 데이비스가 왔다.

레이첼이 데이비스를 만난 것 역시 행운이었다.

경제학과를 나온 진 데이비스는

말투가 차분하고 예리한 관찰력을 지닌 데다

글솜씨 또한 훌륭했다.

교육도 다양하게 받았고 독서량도 풍부해서

지적 능력이 레이첼보다 뒤처진다고 할 수 없었다.

게다가 그녀의 남편이 의사인 점도

레이첼의 의학 관련 연구에 탄력이 붙었다.

살충제가 암 발생과 관련이 깊다는

레이첼의 의학 관련 연구에 속도가 붙은 것이다.

레이첼은 상당히 꼼꼼했다.

증거 진술을 다룰 때는 그 진술의 출처를 철저히

확인하지 않고서는 그것들을 신뢰하지 않았다.

또 레이첼은 사례 연구를 통해 증거를 수집했는데,

한 운동선수가 편지를 보내왔다.

그는 1957년 8월에 산으로 사냥을 간 적이 있는데,

그 산에 3주간 DDT가 살포되었고,

당연히 그의 텐트에도 뿌려졌다고 했다.

'집으로 돌아온 이후 몸 상태가 안 좋아 병원에 갔더니

백혈구와 적혈구, 골수가 심하게 손상되었다고 했어요.

팔에 주사를 41번이나 맞았는데,

주사 한 대에 4시간에서 많게는 8시간이나 걸렸어요.

다행히 지금은 천천히 회복 중입니다.'

이 편지 맨 밑에 레이첼은

'1959년 5월 백혈병으로 사망'이라고 적었다.

1960년 여름과 가을 내내 레이첼은 바쁜 와중에도

존 F. 케네디 대통령 선거 운동에 참여했다.

아이젠하워 정부는 환경 문제에서는 재앙이었다.

레이첼은 케네디는 유독 물질과

방사능 오염에 관해서 말이 통할 것 같았다.

실제로 책이 나오고 나서,

레이첼의 책이 사회적 파장을 몰고 오자,

케네디는 DDT 문제를 다시 검토할 것을 지시했다.

케네디가 선거에 이기자,

레이첼은 취임 특별 기자 회견 참석 초청을 받았다.

이제 여덟 살이 된 로저도 함께했는데,

그는 이 초대에 몹시 흥분했다.

이제 레이첼은 로저가 친자식처럼 사랑스러웠다.

아이를 키우는 일은 힘들고 고통스러웠으나,

그보다 더 큰 기쁨과 보상이 있었다.

로저도 레이첼을 어머니로 의지하고 사랑했다.

그사이 레이첼의 작업은 어느 정도 탄력이 붙었다.

원고의 끝이 보이는 듯했다.

이런 고단한 와중에 레이첼의 가슴에서

혹 두 개가 발견되었다.

불길한 혹이었다.

유방 제거 수술을 했지만,

완치되지 않았고, 통증이 심했다.

혹이 암인지를 묻는 레이첼의 질문에

주치의 샌더슨 박사의 설명은 모호했고,

더는 치료를 권하지 않았다.

수상히 여긴 레이첼은 평소 알고 지내던

암 전문의 조지 크라일 박사를 통해

비로소 자신이 암이라는 사실을 알아냈다.

당시에는 '암'이라는 단어는 금지어였기 때문에
의사들은 여성이 암에 걸리면
그들의 남성 보호자하고만 상의했다.
레이첼에게 남성 보호자가 없자,
의사는 입을 함구한 것이다.
레이첼은 이 사실을 도로시에게 편지로 맨 먼저 알렸다.

'시간의 소중함을 깊이 깨달았어요.
짧으면 짧은 대로, 길면 긴 대로요. 그리고 기회가 된
다면 더욱 긍정적으로 살고 싶어요. 다른 날로 미루지
말고요.
로저는 또 마음의 상처를 받겠죠.
그 전에 함께할 시간을 많이 갖고 싶어요.'

레이첼은 방사선 치료를 시작했다.
레이첼은 자신의 병도 병이지만
로저가 또 마음의 상처를 받아야 한다는 것이
더 고통스럽고 아팠다.

레이첼이 친구들에게 보낸 편지에는 로저 얘기가 많았다.

로저의 학교생활,

로저가 감기에 걸린 얘기,

로저의 외로움과 장난스러운 행동 등.

또 고양이 제피와 모펫의 특이한 행동도 보탰다.

당연히 다음 해 3월까지 책을 완성하겠다던

레이첼의 계획은 또 물거품이 되었다.

책을 진짜로 완성이나 할 수 있을지 미지수였다.

이런 상황에서도 레이첼은 짬짬이 글을 썼고,

완성하는 장별로 편집장인 폴 브룩스와

그 분야 전문가에게 보내 감수받았다.

폴 브룩스 편집장은

이번 책은 과학 지식이 필요하고,

끝까지 읽기가 어렵다는 문제를 꼭 극복해야 한다고

귀가 따갑도록 반복해서 얘기했다.

기필코 이 책을 대중이 읽게 만들어야 한다고 말이다.

그래야 이 책의 진가가 발휘될 것이라고.

그렇기에 레이첼은 쉬운 설명을 찾느라고

골머리를 앓았고

써서 고치고 또 고치기를 반복하고 또 반복했다.

참으로 기나긴 싸움이었다.

이번에도 레이첼은 책의 제목을 놓고 씨름해야 했다.

여러 후보 중에서

'자연과 맞선 전쟁' '자연과의 전쟁' 두 개를 골랐지만,

그 어느 것도 딱히 마음에 와닿지 않았다.

폴 브룩스 편집장은 '새'를 다룬 장의 제목

'침묵의 봄'이 좋겠다는 의견을 내놓았다.

마리 로델은 '침묵의 봄'을 듣는 순간

'이것이다'라는 감이 왔다.

그러나 레이첼은 별로 내키지 않아,

결정을 뒤로 미루었다.

로저가 여름 방학에 들어가자

언제나 믿음직한 친구 밥 하인즈는

병마와 싸우고 원고와 씨름하는 레이첼과 로저,

그리고 고양이들을 데리고 레이첼의 별장으로 갔다.

툭하면 찾아오는 기자들에게서 해방하고 싶었고,

그토록 좋아하는 드넓은 바다를 보여 주고 싶어서였다.

그곳을 찾아오는 방문객 그 누구도 만나지 않으며

모처럼 레이첼은 여름을 편안하게 보냈다.

거북이보다도 느린 진척이었지만

1962년 8월쯤 되자 책은 거의 완성 단계에 이르렀다.

마리 로델은 다시 한번 새 장의 제목인 '침묵의 봄'이

책 제목으로 좋겠다는 의견을 제시했다.

아무리 생각해도 '침묵의 봄'이 책의 제목으로

안성맞춤이라는 생각을 떨칠 수가 없었기 때문이다.

다행히 이번엔 레이첼이 반대하지 않았다.

레이첼도 계속해서 제목을 생각하고 있었다.

생각해 보면, 새는 자연의 상징이고

이 책에서 매우 중요한 역할을 하고 있기에

'침묵의 봄' 장이 전체를 대변한다고 말할 수도 있었다.

『침묵의 봄』은 완성도가 높아갈수록

심상치 않은 기운이 감지되었다.

거대한 폭풍우가 몰아치기 전의 고요함과 같은 분위기였다.

레이첼은 첫 장 「내일을 위한 우화」에 유난히 신경 썼다.

책의 시작은 단순하지만,

의미 있는 우화로 열 생각이었다.

이 우화는 생물체들이 모두 자연과 조화를 이루며 사는

미국 심장부의 한 마을에서 시작된다.

'그러던 중 이상한 역병이 덮쳤고,

모든 것이 변하기 시작했다.

원인을 알 수 없는 병이 닭 떼를 휩쓸고,

소와 양이 병들어 죽었다.

사방에 죽음의 그림자가 드리워졌다.

이상하리만치 고요했다.

도대체 새들은 어디로 갔을까?'

이런 현상이 사악한 마녀의 주술도, 어떤 적의 공격도 아닌

인간 스스로 만들어 낸 결과라는 내용의

「내일을 위한 우화」는

처음부터 사람들의 시선을 끌기에 충분했다.

책의 시작이 원체 좋았기에,

출판사와 마리 로델은 성공을 직감했다.

〈뉴요커〉는 출간 전에 『침묵의 봄』을

3부작으로 싣기로 했고,

1962년 6월 16일에 첫 회를 내보냈다.

예상대로 반응은 뜨거웠다.

우선 대중이 기업의 탐욕을 위해서

DDT를 과다 사용하게 한 정부에 크게 분노했고,

엄청난 우편물이 〈뉴요커〉 사무실로 밀려들었다.

그러나 모두 이 책 내용에 동조한 것은 아니었다.

〈뉴욕타임스〉는 레이첼이 도저히 읽어줄 수 없는

허무맹랑한 이야기를 썼다는 사설을 실었고,

레이첼이 과민반응으로 정부의 입장을

난처하게 하고 있다고 비난했다.

〈뉴요커〉에 실린 레이첼의 글이

사회적 갑론을박 논쟁을 일으킬 시점인 1962년 여름,

역사상 유명한 탈리도마이드 사건이 있었다.

탈리도마이드는 유럽에서 임산부의 입덧 치료에

널리 처방한 진통제였다.

『침묵의 봄』 출간 1년 전, 이 효능 좋은 약은

미국 FDA의 사용 승인을 앞두고 있었다.

이 신약이 당연히 승인될 거라고 여겼기에.

신참인 프랜시스 올덤 켈시 여성 박사가

그 적합성을 판단하는 심사관을 맡았다.

그런데 켈시 박사는 이 약에 의구심이 생겼다.

태아의 신경에 손상을 입힐 우려가 컸기 때문이다.

느닷없는 돌부리에 걸린 제약사들은

FDA 승인에 안달이 났고,

주변 동료들까지 나서서 켈시 박사를 압박했다.

그러나 박사는 위험 있는 약을 승인할 수 없다며

1년에 걸쳐서 끝없는 보안 자료를 요구하며

승인을 6번이나 거절했다.

이에 언론이 켈시 박사를 비방하는 글을 마구 쏟아냈다.

그 비방에는 켈시 박사가 여성이라는 점도 한몫했다.

결국 켈시 박사는 이 약을 먹은 임산부에게서

기형아 출산이 놀라우리만큼 증가했다는 증거를 내놓았고,

유럽에서도 이런 연구가 속속 나왔다.

결국 신약 탈리도마이드는 1962년 여름,

『침묵의 봄』 출간 직전에 시장에서 퇴출당했다.

그러나 유럽에서는 이미 수많은 아기가

팔다리가 기형인 채로 태어난 후였다.

불행 중 다행으로 미국에서는 켈시 박사의 승인 연기로

피해를 거의 막을 수 있었고,

켈시 박사는 무능력한 여성 의사에서 갑자기

시대의 영웅이 되었다.

이 끔찍한 사건은

의약품 안정성에 대한 대중의 인식을 높였고,

FDA 검열을 강화하는 법률 제정에 영향을 크게 미쳤다.

이 사건은 『침묵의 봄』에 아주 유리하게 작용했고,

레이첼은 〈뉴욕포스트〉와의 인터뷰에서 이렇게 말했다.

   '탈리도마이드와 살충제는 비슷합니다.

   사람들은 새로운 화학 물질이 어떤 결과를 초래할지

   충분히 알기도 전에 빨리 사용하고 싶어 안달합니다.

   그러나 안정성을 확인하지 않고 이런 것을 사용하면

   탈리도마이드와 같은 돌이킬 수 없는 결과를 초래합니다.'

〈뉴욕타임스〉는

「침묵의 봄이 올여름을 시끄럽게 달구고 있다」라는
헤드라인 기사를 내었다.
『침묵의 봄』은 이번 여름을 후끈 달구었을 뿐만 아니라
떠들썩한 가을의 전조라고 보도했다.
또 DDT를 만드는 기업들이
DDT 사업을 '형편없는 상업주의'라고 치부한
레이첼 카슨을 고소할 준비를 하고 있다고 했다.

DDT 제조 기업들의 법무팀은
〈뉴요커〉에 이번 연재물을 1회에서 끝내라고 위협했다.
그렇지 않으면 소송에 대비해야 할 것이라고
으름장을 놓았다.

〈뉴요커〉는 이 정도로는 꼼짝도 하지 않았다.
〈뉴요커〉가 겁을 집어먹지 않자,
DDT 원료 제조 회사인 벨시콜은
화살을 휴턴 미플린 출판사로 돌렸다.
벨시콜은 살충제 원료인 클로르덴과
헵타클로르를 독점 공급하는 회사로,
이 물질의 위험성을 알린 '침묵의 봄'이 출판된다면

큰 타격을 입을 것은 뻔했다.

벨시콜은 레이첼 카슨이 자기들이 독점 공급하는
제품의 명성에 치명적 흠집을 냈고,
이 글은 법적·도덕적 분쟁을 일으킬 소지가 다분하니,
이 책을 출간하면 소송을 불사하겠다며 위협했다.

휴턴 미플린 출판사와 레이첼은
신경이 예민해질 대로 예민해졌지만,
기가 꺾이지는 않았다.
레이첼이 가장 신경 쓴 부분이 이런 상황이었다.
이것을 염두에 두고 레이첼은
책에 서술한 사실과 근거를 확인하고 또 확인했었다.
그러니 소송으로 이어지기는 어려울 것이다.
소송을 건 상대측에서는 무조건
레이첼의 글이 명백한 과학적 오류라는 증거를
내놓아야 할 테니 말이다.

소송에 대비해서 편집장 폴 브룩스는
'침묵의 봄' 원고를 주립경찰 화학물질실험실의

맥베이 박사에게 보내서

책 내용의 과학적 정확성 여부를 확인해 달라고 청했다.

맥베이 박사는 신중한 검토 끝에

아무런 문제가 없음을 확인해 주었다.

결론적으로 벨시콜이나 다른 어떤 살충제 관련 회사들도

레이첼과 휴턴 미플린, 〈뉴요커〉를 상대로

소송을 걸지는 못했다.

1962년 9월 27일, 논란의『침묵의 봄』이 공식 출간되었고,
논쟁은 더 증폭되었다.
기업을 대변하는 시사 잡지는
훨씬 더 이 책이 못마땅했다.
그들은 레이첼 카슨을 과학자가 아닌
대중이나 선동하는 작가라고 깔아뭉갰다.
또 레이첼이 여성이라는 점도 발을 걸고넘어졌다.
그저 고양이를 키우며 새를 사랑하는 유약한 여성일 뿐인데,
어찌 그런 여자 말에 귀를 기울일 수 있겠느냐며
비아냥거렸다.

DDT의 가장 큰 제조업체인 모트로즈의 대표는
레이첼이 자연의 균형을 지나치게 신봉한 나머지
과학자가 아닌 환경 광신자가 되었다고 비난했다.
미국 연방 해충퇴치팀은 레이첼더러 노처녀인 주제에
왜 그리도 유전자를 걱정하는지 모르겠다며 코웃음을 쳤다.
전임 농무부 장관인 에즈라 태프트 벤슨은
레이첼이 아마도 공산주의자인 것 같다고 주장했고,
이 주장에 많은 사람이 공조하고 나섰다.

아무리 비난이 거세어도
수많은 사람이 레이첼의 『침묵의 봄』에 열광했고
1962년 가을 내내
〈뉴욕타임스〉 베스트셀러 1위 자리를 지켰다.

케네디 대통령은 백악관 기자 회견에서
한 기자가 DDT의 부작용을 조사할지를 묻자, 대답했다.
"카슨 씨의 책을 보고 이 문제를 알아보는 중입니다."
다음날 대통령특별위원회가 살충제 프로그램을
검토하겠다는 성명을 공식적으로 발표했고,
레이첼은 살충제 위험 청문회에 증언자로 나가기로 했다.

레이첼의 증언은 40분간이나 지속되었다.

레이첼은 오랫동안 찌꺼기가 남아 2차, 3차 피해로 이어지는
살충제 살포를 강력히 억제하고 축소해야 함을 언급했다.

또 대중에게 살충제가 무해한 것처럼 착각하게 하는
기업 광고의 문제점도 지적했다.

이날 레이첼의 모습에서 말수가 적고 수줍음을 타는
여성의 모습은 없었다.

살충제 산업 분쟁이 본격화되었다.

화학제조사연합은 「레이첼 카슨을 대처하는 법」이라는
책자를 만들어 배포했고,

몬샌토 회사는 레이첼의 「내일을 위한 우화」를 패러디한
「황량한 해」를 지어냈다.

레이첼의 문체와 어조를 패러디한 「황량한 해」는
살충제 없는 세상의 공포를 묘사했다.

'그러고 나서 조용히 황량한 한 해가 시작되었다.

사람들은 위험을 감지하지 못하는 것처럼 보인다.

마침내 겨울이 오고 파리 한 마리도 볼 수 없다.

그 많던 벌레는 다 어디로 갔을까?'

살충제 제조업체에서 연구 보조금을 받는
대학의 교수들도 방어에 나섰다.
밴더빌트 의과대학 다비 박사는
「미스 카슨, 입 좀 닥쳐라」라는 비난의 글을 실으며
레이첼이 유기농 숭배자이며
유별나게 까탈한 사람이라고 꾚아내렸다.

또 『침묵의 봄』은 수많은 풍자만화를 양산해 냈다.
정원용품 가게에 들른 여성이
"레이첼 카슨이 사지 않는 제품은 나도 안 사요"라고
말하는 만화,
두 남자가 거리에 서서 죽은 개를 바라다보며
"이 개는 고양이를 먹고 죽었어.
그런데 그 고양이는 잭이 농사지은
곡식을 먹은 쥐를 먹었대"라고 말하는 만화,
바에서 한 남자가 바텐더에
"이제 겨우 방사능 후유증에 적응했는데,
이번엔 레이첼 카슨이야?"라고 말하는 만화 등.

전국 여성언론인클럽 강연에서 레이첼은

어느 신문 기사의 내용을 언급했다.

> "오늘 오후 『침묵의 봄』 기사가 펜실베이니아주
> 베들레헴의 지역 신문 〈글러브 타임스〉에 실렸습니다.
> 온통 『침묵의 봄』을 비난하는 글이었어요.
> 그런데 글을 쓴 기자는 제 책을 읽지도 않았더라고요."

꼬리에 꼬리를 무는 수많은 논쟁을 낳은 『침묵의 봄』은
1962년 크리스마스 시즌에만
무려 10만 6천 부가 팔려나가며
국제적인 베스트셀러로 올랐고,
폭풍우와 같은 관심을 불러일으켰다.
그리고 오늘날의 환경 운동을 촉발한 시발점이었다.

그러나 암 투병 중인 레이첼은 극심한 고통에 시달렸기에
어지간한 모임이나 초청은 대부분 거절했다.
그렇지만 CBS 방송국의 출연은 수락했다.
아무리 『침묵의 봄』을 쉽게 쓰려고 했어도
근본적으로는 과학적·의학적 전문용어가 나오는
전문 서적이라,

대중에 다가서는 데는 명확히 한계가 있었다.

그러나 TV는 상황이 달랐다.

영상과 언어로 어느 정도는

더 대중에 가까이 다가갈 수 있었다.

CBS 측은 레이첼은 물론이고, 관련 공무원들,

살충제 제조회사 간부들이 인터뷰도 촬영했다.

레이첼의 인터뷰는 1963년 4월 3일,

「레이첼 카슨의 침묵의 봄」이라는 제목으로 방영되었다.

방송 이틀 전에 기업들의 광고 철회로

CBS는 막대한 손실까지 불사하면서도

방송을 내보냈다.

병색이 완연한 레이첼은

초췌하게 나올 거라는 걱정과 달리 침착하고

사려 깊고 조리 있게 화면에 비쳤다.

『침묵의 봄』을 읽지 않은 수많은 사람이

TV를 통해서,

레이첼의 입을 통해서,

DDT가 무엇이 문제인지를 들을 기회를 얻은 것이다.

레이첼은 문제는 살충제 오용만의 문제가 아니고
이 세상의 모든 문제를 과학 기술이
해결해 줄 것이라는 믿음을 버려야 한다고 강조했다.
다행히도 대중의 관심은 뜨거웠고,
효과는 만점이었다.
TV의 영향력은 실로 놀라웠다.

방송을 본 사람들은 큰 충격에 빠졌다.
레이첼의 TV 방송은 대중이 정부와 살충제 제조 기업에
등을 돌리는 계기가 되었다.
레이첼의 기대보다 훨씬 더 큰 성과였다.

방송이 나간 다음 날 리비코프 상원 의원이
부랴부랴 화학 물질이 환경에 미치는 위험을
의회에서 검토하겠다고 발표했다.

1963년 5월 15일에 살충제를 조사한
대통령특별위원회는 그동안의 조사 결과를 발표했다.
위원회는 대체로 레이첼의 요구를 받아들였고,
레이첼의 주장이 옳다고 인정했다.

이런 성공에도 미국 여성연합에 모습을 드러내

'양심적인 여성 상'을 탄 것을 마지막으로

안타깝게 더는 공식 석상에서 레이첼을 볼 수 없었다.

1963년 6월, 레이첼은 차에 로저와 고양이들을 태우고

사우스포트의 별장으로 향했다.

운전은 진 데이비스가 맡았다.

레이첼이 아끼던 별장에서 보낸 생애 마지막 여름이었다.

별장에 도착하자, 로저는 여름 캠프를 떠났다.

별장의 하루하루는 평화롭고 고요했으며

숲에서 들리는 새 소리는 고단한 삶의 상념을 떠올렸다.

도로시와 바람 소리, 파도 소리를 들었고,

제왕나비를 바라보며 한갓진 대화를 나누었다.

도로시와 함께한 시간은 진정한 위안이었다.

레이첼의 암세포는 막무가내로 퍼져 나갔다.

레이첼은 골반이 아파서 걸음조차 걷기가 어려워졌다.

그러나 로저의 방학이 끝났기에

다시 집으로 돌아와야만 했다.

도로시와 또다시 헤어지는 것이 못내 아쉬웠다.

언제나 믿음직한 친구 밥 하인즈가

기꺼이 와서 운전해 주었다.

9월 13일 아침, 레이첼은 별장과 바다를 향해

마지막 인사를 나누고 차에 올랐다.

레이첼도 알고 있었다.

그것이 마지막이라는 것을.

집으로 돌아오고 나서 레이첼은

머리가 깨지듯이 아팠고,

미각과 후각도 잃었다.

담당 의사는 "

이젠 오랜 시간을 기대하지는 마세요."라고 말했고,

레이첼은 그 말이 무엇을 의미하는지 이해했다.

생애 막바지에 다다를수록

레이첼은 더 많은 상과 메달을 땄고,

국내뿐 아니라 외국에서도 강연 요청이 물밀듯 밀려왔다.

그러나 그 어디에도 모습을 보일 수는 없었다.

마음은 담담했다.

그러나 가슴을 짓누르는 걱정이 있었다.

겨우 열한 살인 로저의 앞날 때문이다.

로저를 누구한테 맡기고 떠나야 할까?

이 아이가 누구와 있어야 행복할까?

암 선고를 받고 레이첼은 유언장을 작성해 놓았고

이후 두 차례에 걸쳐서 유언장을 수정했다.

유언장에 로저의 후견인에

도로시의 아들 마들린 프리먼 부부와

『침묵의 봄』 편집장인 폴 브룩스 부부를 넣었다.

레이첼은 그들이 로저와 나이가 비슷한 자식들이 있어서

로저를 함께 잘 돌봐 줄 거라고 믿기 때문이라고

이유를 밝혔다.

레이첼은 적어도 두 부부 중 한 부부는

로저를 돌보리라 믿었지만,

혹시나 하는 마음에 대놓고 말하지는 못했다.

그동안에 쓴 자필 원고와 탐방·연구 자료도 분류해야 했다.

책의 초고와 완성 원고,

그리고 그 원고를 완성하는 과정에서 정리한

방대한 자료를 믿고 맡길 곳이 필요했다.

레이첼은 미국 문화예술아카데미를 비롯한

여러 곳을 알아봤으나,

방대한 원고와 자료를 소장할 규모가 되지 못했다.

그러다 마리 로델이 예일 대학의

바이니크 도서관이 희귀본과 귀중한 원고들을

최첨단 시설을 이용하여

다수 보관하고 있다는 것을 알게 되어,

레이첼에게 소개했다.

레이첼도 그곳이 가장 적당하다는 결론을 내려

기부 절차를 밟았다.

2월 중순부터 레이첼은 감당할 수 없는 메스꺼움과

빈혈에 시달렸다.

그러면서도 살충제 문제를 손에서 놓지 못했다.

레이첼은 진 데이비스와

새로운 살충제 법안에 관해서 검토했고,

주 의회에서 살충제 법안을 속속 도입하는 과정을 점검했다.

1964년 3월 13일, 레이첼은 병원에 입원해

심장 수술을 받았다.

당시 체력으로는 수술한다는 것이 몹시 위험했고,

실제로 수술 후 일주일가량 깨어나지 못했다.

다행히 의식이 돌아왔고 차츰 안정을 되찾았다.

수술에서 아주 조금 회복하자,

레이첼은 존경하는 하울렛 목사에게 전화를 걸었다.

때가 되면 올 소울스 유니테리언 교회에서

추도식을 올려줄 수 있는지를 묻는 전화였다.

그리고 『우리를 둘러싼 바다』의 마지막 구절을

읽어 달라고 청했다.

하울렛 목사는 그러겠다고 답했다.

마리 로델과 폴 브룩스, 도로시 프리먼이

변갈아 레이첼을 찾았다.

하루건너 하루씩 편지와 전화로

레이첼과 소통하는 도로시는

레이첼을 보러 왔다가 4월 12일에 떠났고,

도착해서 레이첼과 꽤 오랫동안 전화 통화를 했다.

이것이 두 사람의 마지막이었다.

도로시가 떠난 이틀 뒤인 1964년 4월 14일, 오후 늦게

레이첼은 심장마비를 일으켰고,

해가 지기 전에 홀로 숨을 거두었다.

나이는 56세였다.

마리 로델은 신문에 레이첼의 부고를 알렸다.

다음 날 아침 방송과 신문에

일제히 레이첼의 사망 기사가 났다.

도로시를 비롯한 레이첼의 지인들은

한걸음에 장례식장을 찾았다.

세상을 떠나기 전 레이첼은

죽어 한 줌의 재가 되어 바다로 가고 싶으니

화장해서 별장이 있는 바다에 뿌려 달라고 했다.

그러나 오빠인 로버트 카슨은

동생의 소망을 무시했고,

하울렛 목사의 추도식으로 장례식을 대신하지도 않았다.

로버트 카슨은 동생의 명성에 맞추어

거대한 전통 장례를 치를 작정이었고,

어머니인 카슨 부인 옆에 묻혀야 한다고 우겼다.

마리 로델이 만류했지만,

이는 받아들여지지 않았다.

하울렛 목사는 레이첼의 사망 소식을 듣고

그녀의 유언에 따라 추도식을 준비했으나,

레이첼의 시신은 나타나지 않았다.

4월 17일 11시,

150명이 넘게 모인 성공회 교회에서

전통적인 장례식이 거행되었고,

그동안 함께한 레이첼의 지인들은

눈물로 마지막 인사를 나눴다.

장례식이 끝나고

이틀 뒤인 4월 19일 일요일,

마리 로델은 레이첼이 원한 추도식을

올 소울스 유니테리언 교회에서 열었다.

레이첼을 위해서 일요 예배를 기꺼이 포기한

하울렛 목사가 추도식을 주도했고,

도로시 프리먼과 진 데이비스, 밥 하인즈 등

몇몇 막역한 친구들이 함께했다.

하울렛 목사는 간략하게 레이첼을 추도했다.

"지난주에 이 시대의 위대한 예언자인

레이첼 카슨이 세상을 떠났습니다.

카슨은 자기 인생관이 명확하게 담긴 구절을

장례식에서 읽어달라고 부탁했습니다.

슬프게도 그 바람은 이루어지지 않았습니다.

그런데 다시 이렇게 약속을 지킬 기회를 얻었습니다.

이제 레이첼 카슨을 기리면서

그녀의 지성과 침착함이 잘 묻어난

구절을 읽으려고 합니다."

그리고 하울렛 목사는 레이첼의 바람대로
『우리를 둘러싼 바다』의 마지막 구절을 읽었다.

'세상의 모든 것은 영원히 흐르는 시간의 강처럼

결국에는 시작이자 끝인 바다로 돌아간다.'

레이첼이 세상을 떠나고 얼마가 지난 어느 날

도로시의 집 앞에 택배가 하나 도착했다.

레이첼의 유해가 담긴 유골함이었다.

오빠인 로버트 카슨이 화장해서 보낸 것이다.

그해 여름 도로시는 별장이 있는 사우스포트 해안가로 가서

레이첼이 그토록 사랑한 바다에 뿌려 주었고,

그제서야 레이첼은 원하는 바다에 영원히 잠들 수 있었다.

레이첼이 세상을 떠나고 유언장이 공개되었다.

마리 로델이 유언 집행자로 지정되었다.

레이첼은 친필 원고와 방대한 자료,

개인 편지들은 예일 대학에 기부하고,

저작권 관리를 신탁에 맡겨 마리 로델이 관리하도록 했다.

생전에 기부하던 자연보전 단체인

'시에라클럽'과 '자연보존회'에 거금을 기부했다.

로저가 스물다섯 살이 될 때까지

로저를 부양하고 교육할 충분한 액수를 신탁에 걸어두었다.

오빠 로버트와 조카 버지니아에겐

현금과 일부 재산을 남겼고,

도로시에게도 현금과 물건을 남겼다.

현미경과 카메라, 사진, 과학 관련 책들,

『침묵의 봄』 저작권은 로저에게 남겼다.

또 사우스포트 별장도

로저가 스물다섯 살이 되면 물려주도록 했다.

마지막으로 로저의 거취 문제가 남았다.

유언장에 따라 마리 로델은 로저의 부양 문제를

도로시의 아들 마들린 프리먼 부부와

폴 브룩스 부부에게 전달했다.

이 상황에 놀란 마들린 프리먼 부부는

정중히 거절 의사를 표했고,

폴 브룩스 부부는 기꺼이 로저를 맡기로 했다.

이 결정에 로저도 만족스러웠다.

마리 로델은 레이첼의 뜻에 따라

'레이첼카슨기념회'를 설립했다.

이 단체는 셜리 브리그스를 비롯한

레이첼의 동료 과학자들로 구성되어

레이첼 카슨의 작업을 잇기로 했다.

그들은 독성이 강한 화학 물질의 오염 방지 등

생명력 있는 환경을 만드는 일에 주력했고,

『자연, 그 경이로움에 대하여The Sense of the Wonder』라는

레이첼의 유작을 출간해 레이첼을 기렸다.

마리 로델은 거의 2년 동안

예일 클럽에 작은 사무실을 임대해서

레이첼의 편지와 자료를 꼼꼼히 정리했다.

레이첼의 수많은 편지는 도로 쓴 사람들에게 돌려보냈는데,

거기에 함께 이 편지를 레이첼의 뜻에 따라

예일대에 영원히 기부할 의사가 있으면

다시 보내줄 것을 간곡히 청하는 편지도 함께 넣었다.

수많은 편지가 다시 돌아와서,

현재 우리가 레이첼 카슨의 삶을 이해하는데,

혹은 레이첼의 전기를 출간하는데,

크게 도움을 주었다.

레이첼이 거액을 기부한 '자연보존회'는

메인주의 해안과 섬 보호 구역을

'레이첼카슨 해안보호구역'이라고 이름 지었다.

또 습지에 꼬불꼬불 오솔길이 난 메인주의 보호 구역도

'레이첼카슨 국립 야생생물보호구역'이라고 이름 붙였다.

레이첼의 기념우표도 발행되었다.

레이첼이 태어난 펜실베이니아주는

레이첼의 탄생을 기리는 법안을 통과시켜서

레이첼의 생일인 5월 27일을

'레이첼 카슨 데이'로 지정해 기렸다.

레이첼이 어릴 때 살던 스프링데일의 집은

국가 유적지로 지정되었다.

DDT 사용은 전면 금지되었다.

DDT 살포가 금지된 지 채 10년도 안 되어

환경보호청은 송골매와 흰머리 독수리 등

희귀 새가 점점 늘고 있는데,

그 이유는 DDT 살포를 금했기 때문이라고 밝혔다.

레이첼은 사람들에게 환경 보호 의식을 심어 주고 떠났다.

실제로 도로와 댐, 숲의 개간, 습지 배수 공사에

환경적인 영향을 고려해야 한다는 법안이 발표되었다.

또 대기오염방지법과 수질오염방지법, 연방살충제,

살균제, 쥐약법, 안전한 식수법, 환경살충제단속법이

연이어 생겨났고, 지구의 날과 멸종위기종 보호법이 생겼다.

그 후로도 훨씬 더 많은 환경관련법 신설과 함께

환경보호청이 신설되었다.

사람들은 이 환경보호청을 레이첼 카슨의 환생이라 여겼다.

레이첼 카슨,

그녀는 세상을 떠났지만,

그 향기는 세상 곳곳에 묻어서 지금까지 우리에게 전해진다.

1907년	펜실베이니아주 스프링데일에서 출생(5월 27일)
1925년	피츠버그 펜실베이니아여자대학 영문과 입학
1928년	대학에서 생물학으로 전공 변경(스킨커 교수 영향)
1929년	펜실베이니아여자대학 수석 졸업
1929년	우즈홀 해양생물학실험실에서 '보조 연구자'로 일함
1929년	존스 홉킨스대학원에 입학
1932년	존스 홉킨스 대학에서 석사학위 받음
1932년	존스 홉킨스 대학 박사과정 입학
1934년	존스 홉킨스 대학 박사과정 중퇴
1935년	연방정부 어업국에서 파트타임으로 「바닷속 로맨스」 글을 씀
1936년	연방 정부 어업국 정식 공무원으로 발령
1937년	〈애틀랜틱 먼슬리〉에 「해저」 실림
1941년	『바닷바람을 맞으며』 출간
1951년	『우리를 둘러싼 바다』 출간
1951년	『우리를 둘러싼 바다』 〈뉴욕타임스〉 '올해의 책' 선정

1952년	『우리를 둘러싼 바다』 '내셔널북어워드' 수상
1952년	드렉셀 공과대학에서 명예학위 수여
1952년	『바닷바람을 맞으며』 재출간
	연방 정부 FWS 공무원 사직
1953년	다큐멘터리 영화 〈우리를 둘러싼 바다〉 개봉
1953년	메인주 사우스포트 섬에 별장을 지음
1955년	『바다의 가장자리』 출간
1956년	『침묵의 봄』 집필 기획
1958년	어머니 마리아 카슨 사망
1962년	〈뉴요커〉에 『침묵의 봄』 축약본 3회 연재
1962년	『침묵의 봄』 출간
1962년	『침묵의 봄』 '이달의 책'으로 선정
1963년	『침묵의 봄』을 다룬 토론 〈CBS 리포트〉 방영
1963년	살충제가 환경에 미치는 위험 소위원회에 증인으로 나감
1964년	56세 유방암으로 세상을 떠남(4월14일)

여성으로 태어나서

레이첼 카슨

첫판 1쇄 발행 2023년 11월 10일

지은이 윤해윤

디자인(본문, 표지) 김혜림

발행인 권혁정 | **펴낸곳** 나무처럼

주소 고양시 일산동구 강촌로26번길 49, 3층

전화 031) 903-7220 | **팩스** 031) 903-7230

E-mail nspub@naver.com

ISBN 978-89-92877-64-0 (44330)

　　　　978-89-92877-50-3 (44330) (세트)

제조국 대한민국 사용연령 10세 이상

제조년월 2023년 11월